I0615249

und dir wole si. sich wie nur hie
si. Ich wart milukeber in drizelant
uercboufet ane seulde. flos ich mi
nes herren hulde do warf man mich
sare indisen charchare indise un
stere grube. nu tu du il gote lebe
be du rat deme chunige. dil er mir
gnade dil er mich hinnen lose. ich
den lip fluse.

Oder

phister uernam wie er die troume
chunde scheiden do sprach er wie er
sabe do er insuebe ware. obe sineme
houbte drü lenen melowes solte un
der ober isten ware. al erebrote
gebure der dchein phister chunde
machen. der man ul melowe scolte
bachen. unt dal die uogele so gare
fralten dal siz nicht ner lielten.
oseph antwurte ime des sachach di

Die altdeutsche Genesis

Nach der Wiener Handschrift

Herausgegeben

von

Viktor Dollmayr

Max Niemeyer Verlag
Halle (Saale)
1932

Alle Rechte,
auch das der Übersetzung in fremde Sprachen, vorbehalten
Copyright by Max Niemeyer Verlag, Halle (Saale), 1932

Printed in Germany

Altdeutsche Textbibliothek, begründet von H. Paul †,
herausgegeben von G. Baesecke
nr. 31

Druck von Karras, Kröber & Nietschmann Halle (Saale)

Einleitung.

1. Die Überlieferung.

Die altdeutsche Genesis[1]) ist in der Sammelhs. nr. 2721 olim theol. 653 der Nationalbibliothek in Wien auf Blatt 1ᵃ—129ᵇ, sodann (in einer Umarbeitung) in einer Klagenfurter, früher Milstäter Sammelhs.[2]) Blatt 1ᵃ —84ᵃ, endlich ab Vers 3446 (Geschichte vom ägyptischen Joseph)[3]) in der bekannten Sammelhs. des Klosters Vorau Blatt 78ʳᵇ—87ᵛᵇ überliefert.

Alle drei Hss. sind Pergamenthss. des 12. Jahrhunderts mit nicht abgesetzten Versen. Den besten Text bietet die Wiener Hs. Sie gehörte im 16. Jahrhundert nach einer Widmung auf dem ersten Blatte[4]) Wolfgang Lazius, dem (1565 gestorbenen) Leibarzt des Kaisers. Daß er sie aus Kärnten (Gurk?) nach Wien brachte, ist möglich, ja wahrscheinlich[5]). Aus der Hs. druckte Denis[6]) Anfang- und Endverse des Gedichtes ab und beschrieb

---

[1]) Literatur über das Denkmal am vollständigsten bei Ehrismann, Gesch. d. dtsch. Lit. bis z. Ausgang d. Mittelalters 2 (Handb. d. dtsch. Unterr.: 6, 2, 1), 78 ff.

[2]) J. Diemer, Genesis und Exodus. Nach der Milstäter Handschrift herausg. 1862.

[3]) J. Diemer, Beiträge z. ält. dtsch. Spr. u. Lit. XX in Sitzungsber. d. kais. Ak. d. Wiss. Phil.-hist. Cl. 47 (1864), 636 ff.

[4]) Ex bibliotheca D. Vuolfgangi lazij (inclyto Regi Bohemie Maximiliano) obsequii ergo donatus.

[5]) W. Scherer, Geistl. Poeten d. dtsch. Kaiserzeit 1, 62 f.

[6]) Codices Manuscr. Theol. Bibl. Pal. Vindob. I, 1 (1793), p. 381 ff.

die Bilder der Hs.; 1829 gab Graff[1]) einen Textabdruck von Vers 1—4975; 1837 wurde das Gedicht vollständig von Maßmann[2]) und (besser) von H. Hoffmann[3]) abgedruckt. 1888 gab Piper einen neuen Textabdruck der Geschichte des ägyptischen Joseph (Vers 3446 bis Schluß)[4]) und später des ersten Teiles des Gedichtes Vers 1—3446[5]) nach einer Kollation der Wiener und Vorauer Hs.

Die Wiener Hs. (W)[6]), in der ersten Hälfte des 12. Jahrhunderts in schöner karolingischer Minuskel ohne Abkürzungen[7]) geschrieben, besteht aus Quaternionen, deren Custoden durch Beschneidung der Pergamentblätter zum Teil weggefallen sind, und enthält außer dem Genesisgedicht noch Physiologus[8]) Blatt 129ᵇ—158ᵇ, dann die Exodusdichtung[9]) 159ᵃ—183ᵃ[10]). Die Hs. ist als Bilderhs. angelegt worden, doch wurden nur bis Blatt 5ᵇ die Bilder ausgeführt, von da ab blieb der für sie im Texte ausgesparte Raum leer. Die Größe der Bildräume schwankt zwischen fünf und zwölf Zeilen[11]), einmal (28ᵃ) sind 18 Zeilen für ein Bild im Texte vom Schreiber freigelassen worden und einmal (4ᵇ und 5ᵃ) zwei ganze

---

[1]) Diutisca 3, 40—112.

[2]) H. F. Maßmann, Deutsche Gedichte d. 12. Jahrh. (Bibl. d. ges. dtsch. Nat.-lit. 3, 2), 235—310.

[3]) Fundgruben f. Gesch. dtsch. Spr. u. Lit. 2, 9—84.

[4]) Zs. f. dtsch. Phil. 20, 257 ff.; 430 ff.

[5]) Kürschners Dtsch. Nat. Lit. 3, 1, 87 ff.

[6]) Hoffmann v. Fallersleben, Verzeichnis der altdtschen hss. d. kk. Hofbibl. zu Wien (1841) nr. 5, s. 3.

[7]) Nur einmal (6ᵇ = vers 222) s̄p̄c für spiritus.

[8]) Fr. Wilhelm, Denkmäler deutscher Prosa usw. (Münchener Texte 8) Text (1914) 5 ff., Komm. (1916) 13 ff.

[9]) Fundgruben a. a. o. 85—101 und Kossmann in Quellen u. Forsch. 57 (1886).

[10]) Die Exodusdichtung bricht mitten im Vers 1480 (Kossmann) ab.

[11]) Blattgröße 21 cm/13 cm; Schriftspiegel mit vorgezogenen 20 Zeilen 16 cm/9 cm.

Seiten. Bildräume hat auch noch der Physiologustext,
aber nicht mehr die Exodusdichtung. Erstes und zweites
Blatt der ersten quaternio (außerhalb der modernen
Foliierung, die erst auf dem dritten Blatt zugleich mit
dem Gedichttext beginnt) enthalten außer dem oben s. III
anm. 4 erwähnten Eigentumsvermerk des 16. Jahrhunderts
keinen Text, sondern nur Bilder und zwar: I^a Brustbild
des segnenden bebärteten Christus zwischen zwei Engeln,
darunter neun Engelbüsten in drei Reihen, jede für sich
eingerahmt in grün und roter Federzeichnung; I^b oben
in Medaillon: sitzender Engel mit (leerem) Spruchband,
vorgebeugt in redender Haltung, darunter drei stehende
Engelfiguren in die Höhe blickend (grün und rote Feder-
zeichnung); II^a Michael, eine Teufelsfigur (Lucifer?) in
Händen haltend, um ihn herum stürzende Teufel, unter
seinen Füßen die Höllenflammen (grün und rote Feder-
zeichnung, gelber Grund); II^b leer. Im Text dann bloß
noch vier Bilder: 4^a segnender Christus mit Buch in
linker Hand zwischen männlicher und weiblicher Figur
(Johannes und Maria?), ganze Figuren, Christus und
Mann zur Rechten barfuß, die Frauenfigur beschuht (grün
und rote Federzeichnung, gelber Grund); 4^b und 5^a
ganzseitige gerahmte Bilder, 4^b in rotem Zierrahmen
oben Brustbild eines Bischofs mit Stab, Mithra und
Nimbus in Medaillon, darunter Mann (links) und Frau
(rechts) in Adorantenstellung, beide beschuht, Ziersäule
zwischen ihnen, die mit dem Kapitäl zum Bischofsmedaillon
hinaufreicht (grün und rote Federzeichnung, der Mann
in roten, die Frau in schwarzen Schuhen), 5^a in ein-
fachem, gelb grundiertem Rahmen drei stehende Figuren
mit langem, braun gemaltem Haupthaar und langem Bart
(Christus zwischen zwei Propheten?), Mittelfigur mit
Nimbus, segnender Rechten, Schriftrolle in der Linken,
Figur zur Linken mit Buch im Arm, alle drei barfuß,
Wangen fleischfarben gemalt, Gewandung in reicher
Linienführung, teilweise bemalt. 5^b halbseitiges Bild:
sitzender Christus (?) mit Nimbus, vor ihm stehende Figur
in demütig horchender Haltung, ein (leeres) Spruchband
zwischen ihnen, von beiden gehalten.

Der Schreiber von W hatte bereits eine Bilderhs.
zur Vorlage, die die drei Texte (Genesis, Physiologus
und Exodus) in gleicher Reihenfolge bot. Dies schließen
wir aus der Klagenfurter Sammelhs. (K), deren Genesis-
text durch Umarbeitung und Modernisierung zwar textlich
von W weit absteht, die aber für ihren ersten Teil (1ᵃ bis
135ᵃ) eine Vorlage gehabt haben muß, welche Genesis,
Physiologus und Exodus in gleicher Reihenfolge, dieselbe
Bilderverteilung und ungefähr die gleiche Anordnung der
Initialen wie W hatte. Daß K nicht auf W selbst basiert,
ergibt sich daraus, daß W den Exodustext unvollständig
bietet (s. anm. 10), K dagegen vollständig. Auch einzelne
Varianten, besonders im letzten Teile, wo V zur Ver-
gleichung herangezogen werden kann, zeigen, daß K
nicht direkt aus W abgeleitet werden darf, sondern mit
W auf eine gemeinsame Vorlage zurückgeht. Das Hand-
schriftenstemma ist demnach folgendes:

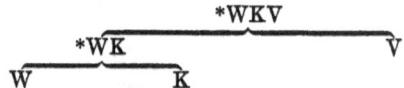

Dies hat schon Diemer erkannt, nur überschätzte er den
Wert des V-Textes. Scherer[1]) und Vogt[2]) zeigten, daß
W (bzw. *WK) meistens den ursprünglichen Text bietet,
V ihn häufig ändert oder durch Flüchtigkeitsfehler ver-
schlechtert. *WK hatte allerdings auch Fehler und
dreimal (nach 5367, 5409, 5550) je zwei Verse aus-
gelassen. W ist eine ziemlich sorgsame Abschrift von
*WK mit wenigen willkürlichen Änderungen und wenigen
Schreibversehen. Oberflächlich verfuhr aber der Miniator
von W wie unten der Variantenapparat zeigt. Wenig
verläßlich ist W auch in den Verstrennungspunkten,
vielleicht aber ist dies schon der Vorlage *WK zur Last
zu legen. Verglichen mit der Versteilung des unten
gegebenen Textes fehlen Verstrennungspunkte nach den

---

[1]) a. a. o. s. 5f.
[2]) Paul-Braune, Beiträge 2, 210ff.

Versen: 1. 2. 4. 7. 9. 15. 6. 25. 6. 8. 33. 7. 9. 42. 51. 7.
61. 77. 84. 91. 104. 9. 21. 41. 7. 55. 6. 7. 77. 9. 95. 6. 7.
200. 3. 4. 9. 11. 6. 7. 8. 25. 30. 2. 47. 61. 75. 81. 5. 7. 91.
337. 73. 95. 405. 501. 9. 41. 9. 71. 87. 658. 86. 772.
9. 86. 8. 886. 914. 6. 24. 40. 54. 8. 75. 83 1005. 62.
7. 9. 104. 20. 40. 48. 56. 63. 75. 84. 277. 82. 90. 300.
22. 36. 86. 405. 21. 9. 33. 522. 32. 606. 42. 92. 732.
64. 82. 871. 3. 921. 37. 57. 71. 89. 2039. 45. 71. 205.
24. 97. 343. 70. 3. 413. 30. 519. 25. 35. 651. 60. 731.
818. 49. 85. 985. 3047. 81. 195. 273. 88. 404. 50. 81.
556. 606. 14. 48. 777. 930. 81. 4014. 22. 30. 72. 154.
72. 84. 90. 8. 206. 84. 302. 8. 36. 410. 41. 65. 85. 6.
502. 8. 24. 34. 6. 40. 8. 58. 9. 63. 72. 82. 662. 711. 33.
6. 66. 78. 806. 27. 74. 5. 8. 948. 53. 72. 82. 6. 5010. 2.
58. 68. 78. 82. 4. 90. 124. 39. 42. 8. 206. 14. 8. 28. 38.
42. 4. 62. 72. 85. 90. 1. 9. 300. 4. 36. 48. 50. 2. 6. 60.
82. 6. 403. 4. 5. 7. 10. 12. 20. 42. 8. 50. 8. 86. 506. 10.
50. 2. 66. 78. 82. 4. 604. 7. 12. 4. 22. 30. 8. 79. 790.
6000. 24. 36. 45. 60. Der Trennungspunkt steht an
falscher Stelle: 150 schinen. 165 wŏchere. 338 ligent.
431 dinch. 596 wib. 656 getorsten. 774 nacchetûm. 812
brust. 838 sunte. 853 sint. 951 ferbot. 1004 héte. 1013
tunchet. 1040 zite. 1108 phaffen. 1132 ferdagen. 1139
ferleitte. 1179 wirtscefte. 1212 wolten. 1257 richsinot.
1310 ŏgen. 1314 afterchomen. 1320 gût. 1373 waren.
1479 gahen. 1496 lachen. 1567 bringen. 1656 gigeben.
1663 sahe. 1706 sciere. 1956 sciere. 1974 enphie. 2072
hete. 2143 iagire. 2144 wonete. 2153 druhen. 2169 ne-
hilfet. 2244 dinch. 2279 ezzen. 2342 halben. 2382
chom. 2531 er. 2752 uerdienot. 2798 fewa. 3227 eigin.
3344 oppher. 3362 iâre. 3387 man. 3405 mandunge.
3481 troum. 3602 liezzen in. 3605 erslûgen. 3770 gût.
3936 oberisten. 4156 einen. 4193 chorn. 4259 chorn.
4308 geswîget. 4441 denne. 4454 chinde. 4466 slahenne.
4508 chint. 4522 tût. 4527 maksen. 4528 wîrouch. honich.
4538 geruche. 4557 chemenaten. 4576 wizzen. 4713
forhten. 4818 uater. 4819 gebiutet. 4827 din. 4867 sât.
5199 lîbes. 5356 willen. 5378 ioseph. 5458 gilŏpten.
5486 tîeren. 5624 geheizzent. 5690 bizeichinit. 5693

nôt. 5695 herscaft. 5705 diemût. 5784 nieman. 5817
brahten. 5931 gûte. 5936 abraham. 6029 wibin.

2. Die Abfassung.

Das in Hss. des 12. Jahrhunderts überlieferte Ge-
dicht stammt wahrscheinlich aus der zweiten Hälfte des
11. Jahrhunderts. Wackernagel bereits hat für die
Datierung des Denkmals v. 287 herangezogen[1]) (ouch
hat der chunig ze site daz pischtûm mahilen darmite)
und darauf hingewiesen, daß diese Verse vor dem Wormser
Concordat (1122) geschrieben sein mußten. Hoffmann[2])
denkt an die Möglichkeit, den Vertrag vom 5. Februar
1111, ja das Verbot der Laieninvestitur durch Gregor VII.
vom 22. Februar 1075 als terminus ante quem zu setzen,
„falls der Dichter zur päpstlichen Partei gehört hat"[3]).
In das 11. Jahrhundert weisen Versbau, Reimtechnik
und alte Sprachformen (Vollvokale in Endsilben), die
vom Schreiber der Wiener Hs. vereinzelt aus älterer
Vorlage übernommen wurden. Die Ansätze der Forscher
schwanken zwischen 1060 und 1080.[4]) Die Heimat des
Dichters wird allgemein auf südbairischem Sprachgebiet
gesucht; man denkt an Kärnten, wohin uns auch die
Hss. W und K führen. Der geistliche Stand des Verfassers
wurde von der Forschung nie bezweifelt, er ergibt sich
aus der Benützung gelehrter theologischer Quellen außer
der Bibel (Alcimus Avitus, Isidor, Lactanz, Hraban,
Beda, Gregor, Remigius, Angelom, Adso)[5]) sowie aus dem
Stil, der deutlich vom Predigtstil beeinflußt ist. Man
denkt sich das Denkmal zu abschnittweisem Vorlesen
im Kloster bestimmt und bringt diese „Reimlektionen"
mit den zwischen Sonntag Septuagesimae und Dienstag

---

[1]) Leseb. 1, XIII u. Gesch. d. dtsch. Lit. 1[3], 198.
[2]) Fundgruben 2, 9.
[3]) S. auch D[1] 1, VII und Scherer a. a. o. 59.
[4]) Lit. bei P[2] 89.
[5]) Weller Palästra 123, 1—86.

nach Quadragesimae üblichen Genesislektionen in Zu-
sammenhang. [1])

Daß unser Denkmal das Werk mehrerer einander
ablösenden Autoren sei, sprach zuerst vermutungsweise
Gervinus[2]) aus. Scherer[3]) entwickelte dann 1874 seine
geistvolle Hypothese von sechs Verfassern, deren dich-
terische Individualität und verschiedene Intention der
Bibel gegenüber er festzustellen und gegeneinander ab-
zugrenzen suchte. Nach Sch liegen sechs Gedichte vor:
Schöpfung und Sündenfall (v. 1—1050), Kain und Abel
(1051—1367), Noe (1368—1573), Abraham (1574
—2112), Isaak und seine Söhne (2113—3415), Joseph
in Ägypten (3416—6062). Scherers Schüler Rödiger
und Pniower suchten diese Hypothese durch genaue
Reim- und Quellenuntersuchung zu stützen und bauten
sie weiter aus. So glaubte Rödiger das Scherer'sche
erste Gedicht zwei verschiedenen Dichtern zuweisen zu
müssen mit Grenze v. 526, während Scherer den „merk-
würdigen Einschnitt" damit erklärte, daß er zwei Predigt-
vorträge desselben Dichters annahm. Pn lehnte Rs
Siebenzahl der Dichter ab und ging wieder auf Scherers
Sechszahl zurück, löste aber wieder die Einheit des
Noahabschnittes auf, den er für einen ursprünglich
strophigen Hymnus hielt, in dem ein jüngerer Bearbeiter
erzählenden Stoff aus der Bibel verarbeitete. Für die
künstlerische Einheitlichkeit des Gedichtes trat Vogt a. a. o.
ein und verteidigte seinen Standpunkt gegen Sch, R und
Pn. Das von Sch, R und Pn beobachtete wechselnde
Verhalten gegenüber der Hauptquelle, dem ersten Buch
Mosis wird von ihm durch den Einfluß der Nebenquellen,
vor allem die starke Benützung des Gedichtes von
Alcimus Avitus in der Schöpfung- und Sündenfall-
geschichte erklärt und die Differenzen in Reimtechnik
und Stil soweit sie überhaupt von V zugegeben werden,

---

[1]) Schröder, Zs. f. dtsch. Altert. 26, 199 f.

[2]) Gesch. d. dtsch. Dichtung 1[5], 182.

[3]) Scherer, Geistl. Poeten d. dtsch. Kaiserzeit (Quellen u.
Forsch. 1).

durch Hinweis auf den geringen Umfang der einzelnen
Abschnitte entkräftet. Scherers Hypothese war schon
lange ziemlich allgemein abgelehnt und Vogts Stand-
punkt durchgedrungen, als Weller 1914 durch seine
sorgsame Quellen- und Stiluntersuchung den positiven
Beweis erbrachte, daß das Denkmal das Werk eines
Dichters sein müsse, der mit beachtenswerter theologischer
Bildung gerüstet und als Prediger geschult sich voll
Temperament an seine Hörer wendet, den Quellen gegen-
über Selbständigkeit bewahrt und im Kompositionellen
wie in der Einzelgestaltung dichterisches Können und
eine lebensvolle Individualität zeigt.

3. Unser Text.

Der nachstehende Text der altdeutschen Genesis gibt
Orthographie und Akzente der Wiener Hs. (W) genau
wieder. Nicht hervorgehoben wurden Antiquaformen
von n (N) und r (R), die statt der üblichen Cursiv-
buchstaben in der Hs. vereinzelt begegnen. Auch die
sporadisch von einer anderen Hand als der des Schreibers
für die nachträgliche Majuskelminiierung am Rande
gesetzten Buchstaben sind im Texte hier nicht vermerkt
(beides bei P2, bzw. P1). Der leichteren Lesbarkeit
wegen ist gegen die Hs. Großschreibung der Eigennamen
durchgeführt und Interpunktion gegeben. Die Absetzung
der Verse entspricht meist den Verstrennungspunkten
der Hs., Abweichungen sind oben s. VII vermerkt.
Wo Wörter oder Silben in der Hs. gegen unsere
Norm zusammengeschrieben oder getrennt sind, wird dies
im Text durch kleineres Spatium angedeutet, z. B. v. 8
niwet clich] Hs. niwetclich. 25 hiez er] Hs. hiezer. 84
ze gote] Hs. zegote. 231 sine wel] Hs. sine wel. 39
er be gunde] Hs. erbe gunde. Alle sonstigen Ab-
weichungen von der Hs. sind durch Kursivdruck kenntlich
gemacht. Die handschriftlichen Lesarten von W sind im
Variantenapparat ohne Sigle gegeben, die der andern
Hss. durch V bzw. K bezeichnet. Die Lesarten der
Vorauer Hs. (V) wurden, soweit sie nicht orthographische

oder grammatische Varianten oder bloße Buchstabenverschreibungen sind, vollständig gegeben, Varianten der Klagenfurter Hs., die als Modernisierung und Umarbeitung textlich sehr stark von W und V abweicht, sind dagegen nur herangezogen, wo die Lesart von K für die Bewertung von W von Gewicht ist oder wo K mit V gegen W übereinstimmt. In der Mehrzahl dieser Fälle dürfte zwar das Zusammentreffen von KV Zufall sein, in einer Reihe von Fällen jedoch die Lesart von *WKV, der letzten uns erreichbaren Vorlage erweisen. In den Text wurden aber diese Varianten nur aufgenommen, wo auch noch inhaltliche Gründe für KV gegen W sprachen. Von den Textemendationen früherer Forscher sind im Variantenapparat nur die erwähnt, die m. E. noch heute interessieren. Die überaus zahlreichen und willkürlichen Besserungsvorschläge Diemers z. B. hätten den Apparat unnötig belastet.

Der Text von W und V ist nach eigenen Kollationen gegeben, die Klagenfurter Hs. jedoch nach Diemers Text und Pipers Nachkollation. Den Direktionen der Wiener Nationalbibliothek und der Stiftsbibliothek des Klosters Vorau danke ich hier herzlich für liebenswürdiges Entgegenkommen und wiederholte Gastfreundschaft.

Lwów, Juni 1932.   **Viktor Dollmayr.**

Druckversehen.

Man verbessere im Text: 109 eriste — 383 Den selben — 395 geuûchte — 1049 al zesamine — 1297 hôbtes gelôben — 1427 flût — 1726 lîut, — 1972. 2450 brûder — 2111. 3412 sûzze — 2216 durh — 2565. 3523. 3615 zû — 3091 Iuden — 3521 slâfes — 3554 tû — 4853 gwîelten

Im Variantenapparat: 170 *auf der* — 5156 duht]

Abkürzungen.

B = K. Bartsch, Rezension von D¹ (s. unten) in Germania 8, 247—252. — Zu Genesis und Exodus 9, 213—217.

D^1 = J. Diemer, Genesis und Exodus nach der Milstäter Hs. I. Einleitung und Text. II. Anmerkungen und Wörterbuch. Wien 1862.

D^2 = J. Diemer, Beiträge z. älteren dtschen Lit. XX in Sitzungsber. d. kais. Ak. d. Wiss. Phil.-hist. Cl. 47 (1864), 636—687. — XXI ebda 48 (1865), 339—423.

H = H. Hoffmann, Fundgruben f. Gesch. dtsch. Spr. u. Lit. 2, 9—84.

M = H. F. Maßmann, Dtsche Ged. d. 12. Jahrh. (Bibl. d. ges. dtsch. Nat. Lit. 3, 2) 235—310.

P^1 = P. Piper, Das Ged. von Joseph nach d. Wiener und der Vorauer Hs. in Zs. f. dtsch Phil. 20 (1888), 257—289; 430—474.

P^2 = P. Piper, Die geistliche Dichtung des Mittelalters 1 (Kürschner, Nat. Lit. 3, 1), 87—193.

Pn = O. Pniower, Zur Wiener Genesis, Berl. diss. 1883. — Der Noe der Wiener Genesis in Zs. f. dtsch. Altert. 29 (1885), 26 — 47. — Der Araham der Wiener Gen. ebda 30 (1886), 150—175.

R = M. Rödiger, Die Wiener Genesis in Zs. f. dtsch. Altert. 18 (1875), 263—280. — Vogt und die einheitliche Genesis ebda 19 (1876), 148—154.

Sch = W. Scherer, Geist. Poeten der deutschen Kaiserzeit (Quellen u. Forsch. 1) Straßburg 1874.

V = Friedr. Vogt, Über Genesis u. Exodus in Paul-Braune's Beitr. z. Gesch. d. dtsch. Spr. u. Lit. 2, 208—317.

W = W. Wackernagel, Altdeutsches Leseb. ⁵. Basel 1873.

$Weller$ = A. Weller, Die frühmittelhochdeutsche Wiener Gen. nach Quellen, Übersetzungsart, Stil und Syntax (Palästra 123) Berlin 1914.

Handschriftensigeln.

W   = Hs. der Nationalbibl. in Wien, nr. 2721.

V   = Sammelhs. des Klosters Vorau, nr. 11.

K   = Sammelhs. des Kärntnischen Geschichtsvereins in Klagenfurt, nr. 6/19 (alt 206).

Text.

[1ᵃ]Nv fer nemet, mine liebe,
ich wil iu aine rede fore tŏn.
ube mir got der gŏte
gerŏchet senten ze mŏte
5 daz ich chunne reden
also ich diu bŏch hore zelen,
so wurde diu zala minnechlich:
dem gotes wuntere ist niwet clich.
Ane got enist niweth mangel.
10 er was ie an anegenge.
done was nieman mere,
do hiez engil werde:
zehen chore er bestifte,
mit engelen er si al berihte.
15 Zware wil ich iu daz sagen,
er gab iegelichem chore sinen namen:
einen namete er engele,
den anderen hoch engele,
den dritten gestŭle,
20 den uierden herscefte,
den uinften namete er gewalte,
den sehsten fursten,
einen namete er cherubin,
den anderen seraphin.

---

8 dem] denn, *von jüngerer hand aus* dem *gebessert.* 12 *P²*
ergänzt er *nach* hiez. 23 namete] *erstes* e *von jüngerer*
hand auf rasur.

25 Do hiez er werden einen engel,
der scain uz den anderen allen.
[1ᵇ]er was anderer engele wunne,
wante ime got wol gunde
wunne in dem himele,
30 sines chores was ein michel menege.
ze ware sagen ich ivv daz:
er nant in liehtvaz.
er was gote uil liep,
an ime hûb sich allerest ubermût.
35 Got der ist genadik unde gût,
uil starche widerot er die ubermût.
wande daz liez er wole scinen
an dem unsaligen.
do er be gunde chosen
40 mit sinen genozen,
er sprach in zû uil ubermûteclich,
er sprach „min maister ist gewaltich
hie in himele,
er wanet ime mege iuweht sin widere.
45 ich pin alsame hêre,
ich newil unter ime wesen nie mere.
ich pin also scone,
ich wil mit minem chore
ebengewaltich ime wesen.
50 ich wil âne [2ª]in genesen
unde wil den stûl min
setzen norderen halp sin
ûf dem himele.
ich wil iz ime haben ebene.“
55 Got der sprach do
eineme sineme holden zû
„ich wil dir sagen, Michahel,
wie min holde Lucifer

---

27 andererer.   32 nant] *aus* namet *durch rasur gebessert.*
36 uil] *aus* uile *durch rasur.*   41 ubermûteclich] *aus* uber-
mûtecliche (*oder* -o) *durch rasur.*   48 minem] *aus* mineme
(*oder* -o) *durch rasur.*   53 dem] den *aus* deme *durch rasur.*

    hat erhaben sich wider mir.
60 geboten sî dir
    daz er uil sciere si uerstozzen
    mit allen sinen gnozzen
    uone himile in die helle
    mit allen die ime gehengen
65 unde die der ioch zů geswigen.
    sich daz ir deheiner hie belibe.“
    Do got daz gebot,
    der chor wart zestoret.
    do scein der gotes gwalt:
70 Michahel hůb ůf sine hant,
    er tete dem tieuele einen slach,
    daz der himel under ime brast,
    daz er ze der stunde
    uůr in abgrunde
75 mit so micheler menege,
    same ein weter chome mit regene
    drî tage unde drî [2ᵇ]naht.
    uil michel ist diu gotes chraft.
    Do der chor ward errumet,
80 got nam ze sinen engelen rat,
    wie si ime rieten
    daz er den chor bestifte.
    do sprachen die engele
    ze gote ire herren
85 daz er uz allen den choren
    die ime da gehorsam waren
    so uil engele name
    daz sin dienest da gare wâre.
    des antwurt in got der gůte,
90 er sprach ime wâre anderes ze můte,
    sprach er wolte machen einen man
    nach sinem bilde getan,
    daz der wůcher brahte

---

    65 der] e *undeutlich.*   71 dem] demo. mo *auf rasur,* o
von jüngerer hand.   78, 87 uil] *aus* uile *durch rasur.*
93 wůcher] ẘucher.

      unz er den chor erwlte.

95 Do daz allez ergiench,
     got zů sinem werche uiench.
     er begunde scaffen,
     himel unde erde machen,
     diu finstere diu was uil groz.
100 wazzer uber alle die erde floz.
     er nebeit sa nieht,
     er sprach „nu wese lieht.“
     do er do gesach
     daz lieht gůt was,
105 do [3ᵃ]tét er sunter
     lieht unde uinster.
     daz lieht nante er tach,
     finstere die naht.
     daz was daz eriste tagewerch sin.
110 uil gewaltich ist unser trehtin.
     Uile michel ist daz gotes wunder.
     er sprach „nu werde sunder
     wazzer uon der erde,
     daz si trukchen werde.
115 diu gruntfeste si gescaffet,
     diu steder wole gemachet,
     diu wazzer da in zwisken rinnen,
     swa so si springen.“
     gote en ist nieht unmaht.
120 daz was der ander tach.
     Ich waiz er do samenote
     diu wazzer gnote
     al in eine stat.
     uil michel ist diu gotes chraft.
125 mere hiez er daz wazzer.
     der erde gebôt er
     daz si wůcher brahte
     also si nature hete,

---

    99 uil] *aus* uile *durch rasur.*   104 lieht] ie *undeutlich.*
107 nante] *aus* namete *durch rasur.*   124 uil] *aus* uile
durch rasur.   128 si (K)] sin.

wurze unde samen
130 nach iegelicheme geslahte getan,
    chrût unde bouma,
    iegelichez nach siner natura.
    nu uernemet, lieben min,
    daz was tagewerch daz dritte sin.
135 Do sprach got [3ᵇ]der gûte
    also ime do was zi mûte
    „nu wesen lieth ziere
    in der uestenunge dere himele
    unde teilen tach unde nath,
140 geben ie wederem sine chrapth".
    da mite sul wir machen
    tage unde vvochen,
    zîth unde iâr.
    er gebôth dem merern liethe, daz is war,
145 daz iz lieth pâre
    unde dem tage frume ware.
    er geboth der maninnen
    daz si liuthe mit minnen,
    ioch den sternen
150 daz si schinen uber die erde
    unde zierten tach unde nath
    mit perehteler chraft
    unde scinen uil ziere.
    daz was tagewerch sîn daz uierde.
155 Dŏ sprach unser trechtin —
    die gnade waren sîn —
    er hiez werden uische,
    wenige unde michele,
    uogele dem lufte,
160 wildiu tier der erde,
    rôs unde rinder
    unde ander manich wnder
    die iu nieman nemach erzelen.

---

132 sine.   144, 146 *und* 159 dem] *aus* deme (*oder* -o)
durch rasur.   153 uil] *aus* uile *durch rasur.*   168 nieman]
niemo.

er hiez die erde allez daz ne[4ᵃ]ren
165 mit dem wŏchere unde si bare,
daz si im allem urume ware,
also iegeliches nature ware getân.
er hiez si ez allez biwaren
mit ware ioch mit reste,
170 mit aller slahte wiste.
[5ᵇ]**D**uo got mit sîner chrefti
uol worhte alle sine gescephte,
do sprach er gŭt
mit frolichem mŭt
175 „**N**v tŭn wir ouch einen man
nach unserem pilidi getan,
der aller unserer getate
nach uns gebiete,
deme sich daz wite mere
180 nieht irwere
daz er dar inne neme
al des in gezeme,
iz ne si niener so tîef
daz ime dar inne si liep
185 iz ne ile dare
da er. ime hare,
uerneme waz er welle,
tŭ [6ᵃ]daz file snelle.
Dehein lêu si so her
190 noch nehein ander tier
noch ne si so wilde
ze uelde noch ze walde,
iz ne si ime unter tan
suî er der mite welle gebaren.
195 **D**er fogel ne uliege nie so hohe,
suener ime rŭffe,
erne chome sciere,

---

166 im allem] *aus* ime (*oder* -o) alleme (*oder* -o) *durch*
rasur. 170 *nach diesem vers folgen 4 bilder: 1. bild den*
rest der seite füllend, 2. und 3. bild ganzseitig auf blatt 4ᵇ
und 5ᵃ, 4. bild auf l er oberen hälfte von 5ᵇ. 177 unsere.

suâ er in hore.
Dehein wurm si so freissam,
200 erne si im gehorsam.
nieth ich uznime,
iz ne uolg ime;
daz dehein êiter
si so pittir
205 daz ime scade
oder wider ime chraft habe.
Er sol uns sin gelich,
aller gescepfte forhtlich.
ufreth sol er gen,
210 an zuein beinen sten,
daz er ze himele warte,
merche der sternen geuerte,
merch iegelich zit
an deme himele wit."
215 [6ᵇ]Der here werchman
da nach einen leim nam,
also der tût der uz wahsse
ein pilede machet,
also prouchet er den leim
220 suîez geuiel in zuein,
deme uater iouch deme sune,
der sp͂c sanctus al mit ime.
irne waren doch nieht drî:
der eine hete namen drî,
225 der têt in sines uater wisheite
nach des heiligen geistes geleite
uz deme leime einen man
nach sineme pilede getan.
Da ze deme hŏbite er bigan
230 daz pilede machon:
daz hŏbit tet er sine wel,
zoch uber den gebel ein uel,
gab ime gût gebare,
bedacte iz mit hare,

---

214 *nach* wit *raum für ein bild.*

235 gab dem weichen hirne
den gebel ze scirme.
Er têt an dem antlutze
siben locher nutze:
zuei an den oren,
240 daz er muge horen,
ioch zuei ougen,
daz er sehe die getougen,
zuei an der nase,
daz er stinchen muge,
245 in deme munde einez,
so nutze nist [7ᵃ]neheinez.
In deme munde hiez er hangen
eine zungen lange.
fure die ilte er machen
250 einen chinnebachen,
zane zuei geuerte,
peinin uile herte,
daz si daz ezzen prechen,
unt daz diu zunge spreche.
255 Suenne si den wint fahit
unt in in den munt zuhet,
an den zanen si scefphet
daz wort daz si sprichet.
Da nach têt er ime die ahselun,
260 file geliche gescaffen.
fon den rechent sich
zuene arme geliche.
den stent an deme ende
zuo wolgetane hente.
265 an den sint forne
finf fingere mit horne.
daz horn sint die negele.
fur die gant die chunebele,
daz die selben fingere
270 helfen einen anderen.
so ist der grozeste
unter in der nutzeste,
daz ist der dume,

der hilfet in sliume,
275 wande si áne in nemugen
sa niuweht gehaben.
Der dá bí stát
ein ie[7ᵇ]gelich ding er zeiget.
der dritte heizet ungezogen,
280 wande er ilit sich furnemen:
suare diu hant reichet,
allereriste er iz pegrifet.
In deme fierden
scinent fingelin die zieren,
285 damite der man
spulget sin wib mahilen.
Ouch hat der chunig ze site
daz pischtûm mahilen darmite
suelehen phaffen
290 er ze herren wil machen.
Der minneste finger
der nehat ambeht ander
newane sos wirt not
daz er in daz ore grubilet,
295 daz iz ferneme gereche
suaz iemen spreche.
Da nach tet er ime die bruste,
deme herzen ze ueste,
daz sime schirmen
300 for alleme suerden.
wirt daz herze geserget,
so ist daz leben getrûbet:
ime newerde sciero paz,
diu sele mûz rumen daz faz,
305 dar inne ist ire hus,
unze si daz ser tribet dar uz.
Daz herze hat umbe[8ᵃ]uangen
lebere unt lungen.

---

285 *versteilung nach R; H und P² machen* spulget *von*
286 zum reimwort von 285.   287 Ouch] *initiale vom miniator*
nicht gemalt.

wider selbe dei lit
310 ein milze wola breit.
In der lebere
hanget ein galle chlebere.
si ist unsûze,
sine wil daz man si nieze.
315 Swer si uz gerahsinet
suenne si ime uber get,
der ist genern,
den mûz rîte iouch fieber ferbern,
deme ne mût iouch den lip
320 gelesuht noch fich.
In deme herzen ist unser leben,
uon der lungene wir den atem nemen,
uon der lebere daz gesune,
uon deme milze lachen wir sliume,
325 uon der gallen den zorn
des manec man wirt florn.
Vnter deme hôbet iouch der ahsilun
tet ér ime eine suegelen
durch die habe ganch
330 beidu maz ioch tranch.
Hintene tet er ime den rukke.
ab deme gent rippe,
piugent sich here fure
deme herzen ze were,
335 daz ime stoz noch slag
nieht gewer[8ᵇ]ren nemag.
ob den rippen
ligent zuo sculteren,
da die arme ana weruent,
340 suenne si sich rûerent.
Da auer irwintet der ruke,
da stant zuo huffe.
uon den chliubet sich der lip

337/8 W *hat punkt nach* ligent, *daher ziehen H und* Pᵉ
dieses wort zu 337 (ligent : sculteren); K : obe den rippen /
zŵ schulter likkent.

in zuei bein gelich.
345 da ze deme chnie raden
da sint si gebogen,
daz si sich leichen,
suenne si scriten.
Nider halb des chnieraden
350 an deme beine stant die waden:
so sich daz bein recche,
daz iz niene stet sam ein stecche.
Vnder der rippe scerme
hanget daz gedarme,
355 ein weichiu wamba
diu dûnuet daz geweide:
suaz slintet der chrage,
daz zime nimet der mage.
waz zimet daz al ze sagene,
360 daz nutzest chumet al ze magene.
Nider halb des magen
get ein wazzer saga
in die platerun
untir zuisken hegedrûsen.
365 daz wir daz niene nennen,
da wir mite chinden,
daz machent sunde,
daz uns daz dunchet scande.
Dû [9ᵃ]worht er ime die fûze,
370 pede eben groze,
in finfiu gescruffet,
ze finf zehen gewrchet.
die habent nagele
same die fingere da obene.
375 Dÿ got zeinitzen stucchen
den man zesamene wolte rucchen,
dû nam er, so sich wane,
einen leim zahe,
da er wolte

380 daz daz lit zesamene solte,
    streich des unter zuisken,
    daz si zesamene mahten haften.
    Denselben lettun
    tet er ze adaren.
385 uber ieglich lit er zoch
    den selben leim zach,
    daz si uasto chlebeten,
    zesamene sich habeten.
    Vz hertem leime
390 tet er gebeine.
    uz proder erde
    hiez er daz fleisk werden.
    uz letten deme zahen
    machot er die adare.
395 Dů er in allen zesamene geuůchte,
    dů bestreich er in mit einer slote.
    diu selbe slote
    wart ze dere hute.
    [9ᵇ]Dů er daz pilede erlich
400 gelegete fure sich,
    dů stůnt er ime werde
    obe der selben erde.
    sinen geist er in in blies,
    michelen sin er ime friliez.
405 die adere alle
    wrden plůtes folle.
    ze fleiske wart div erde,
    ze peine der leim herte,
    die adere pugen sich,
410 sua zesamene gie daz lit.
    Die hente er pruchte
    zeineme iegelichen werche.
    ze stet er uf stůnt,
    hinnen unt ennen er giench.

395/6 *von* H *in zwei reimpaare zerlegt mit den versgrenzen*
allen, *bzw.* in. *in* K *für diese verse keine entsprechung.*
398 *nach* hute *raum für ein bild.*   403 in in] im in K.

415 er scowot al bi[10ª]sunter
    die manegen wnter,
    fihe iouch fogele,
    wilde iouch gezogene.
    er tet ouch gŏme
420 wrze iŏch pŏme.
    michel uunter in habete
    daz der fisk in deme wazzere spilete.
    dere wrme freissam
    er niewet erchom.
425 Dů er iz allez ersach,
    got ime zuo sprach
    „du solt in minen stal
    disses phlegen al,
    du solt sin alles wesen herre.
430 waz bedarftu denne mere?
    elliu dinch furhten dich
    alsame mich.
    nieth si so grulich
    iz newider sitze dich.
435 *L*eune noch einhurne
    scone sineme zorne:
    suenner dich ferneme,
    sine grimme er hinelege.
    wis du mir unter tan,
440 nieht mag dir wider stan.
    Ich pín dín got.
    unze du behaltest min gebot,
    so bist tu untotlich
    alsame ich.
445 Dǒ der geweltige got
    al sîn werch fole tet
    unte nieweht getan heta
    daz ime misse licheta
    [10ᵇ]in deheinen gebaren,

---

427 minen] minem K.   431/2 *versteilung mit H und P*²
gegen W; K: dich / mich.   432 *von V nach Alcimus ergänt*:
alsame du mich.   435 Leuue] Seuue.   444 *nach* ich *absatz.*

450 want si uile harto gût waren,
     dů was dere uespere zit,
     also daz pûch chut.
     der sehste tach so frante
     mit iegelichem abante.
455 Dů der sibente tach chom,
     got newolte nieht mere wrchen.
     den nam er im ze rawe,
     uns armen ze genaden:
     so man oder wib
460 al die wochen gemue sinen lip,
     daz si an deme sunnen taga
     gnade unt reste haben.
     Got danach pegan
     einen pŏmgarten phlanzen.
465 der wart file wnnesam,
     den hiez er paradisum.
     in den satz er Adamen,
     hiez inen puwen.
     da wůhs inne
470 aller obezze wnne.
     dei wachsent da gnota
     in ieglichem manode:
     So daz eine zitgot,
     daz ander stat plůt.
475 der riffe izne froret,
     der wint iz abnetroret,
     diu hitze ne darret,
     nehein sne im newirret.
     Lilia noch rosa
480 ne werdent da nieth bŏse.
     aller slahte pŏme
     wahset da sco[11ª]ne.
     den der stanch in chumet,
     neheines mazzes in gezimet.
485 er ist der wunne so sat,
     daz er ezzen nemach.

---

454 iegelichen.   462 *nach* haben *absatz.*

       Zinamin unt zitawar,
       galgan unt pheffer,
       balsamo unt wirŏch,
490 timiâm wahset der ouch,
       mirrun also uile,
       so man da lesen wil,
       crocus unt ringele,
       tille iŏch chonele,
495 mit deme fenechele
       diu sûze lauendele,
       peonia diu gûta,
       saluaia unt ruta,
       nardus unt balsamîta,
500 der stanch wahset so wita,
       minz unte epphich,
       chres unt lattŏch,
       astriza unt wich pŏm
       habent ouch sûzen toum.
505 Suenne der pŏme plût
       unter den suechinot,
       so ist der stanch sûze,
       die wrze uile ruffe.
       Der selbe garto stat ostene
510 an der werlte orte.
       daz tieffe wentel mere dar ubere gat.
       manich hoch berch da uor stat.
       der garte stat so hohe,
       daz ime bigat der mane.
515 [11ᵇ]Ze mitterest des karten
       hiez got zuene poume wahsen
       misliches gelazes,
       ungliches obezes.
       Suer des einen gechort,
520 der tot in ferbiret,
       er ner stirbet niemer
       unt ist doch eben iunger.

---

    487 Sinamin.   zitawar] *erstes* a *undeutlich.*   506 unter]
unt er (*s.* D¹ *gen. anm. 9,17*).   514 *nach* mane *raum für ein bild.*

Der auer des anderen pizzet,
uil lutzel ers geniuzet:
525 er weiz ubel unt gût,
daz ist der gewisse tot.
Dŷ der tiufel durch ubermŏt
wesen wolte same got
unt er in uerweiz,
530 daz er in ab deme himele stiez
iŏch sine gesinden alle
sant in die helle,
dŭ [12*]worth er den man
nach sineme pilede getan —
535 uz erda iŏch leime
tet er fleisk unt gebeine —
deme tiefel ze itewizzen,
daz er sin ere solte besitzen.
Dŭ wolte unser herre,
540 daz der man in paradiso ware,
unz er so uile chinde
dar in ne gewunne,
daz ter chor wurd erfullet,
den der tiefel flos durch ubermŭt,
545 daz si denne ázen
der tiuren obeze
dei uf deme pŏme wurten,
da si abe nieht ersturben
unt denne fŭren
550 zŭ den himelisken gnaden,
da si iemer lebeten,
nehein angest habeten.
Dŭ beualech got deme manne
daz eine ze behaltenne
555 daz er sin ouge
cherte uon éineme pŏme
noch des inbizze
des da ufe wŭhse.

---

526 *nach* tot *absats, die folgende initiale zwei zeilen hoch.*
555 sin] si.

       uerbot ime uasto
560   daz er sich dar nieht anehafte
       noch in es niemer so harte gezame,
       daz sin in sinen munt ieht chome.
       chod „la mich dar ane chiesen,
       ube du mir wellest ge[12ᵇ]horsamen,
565   ube du mich wellest wern
       daz tu ditz ein obez wellest uerbern.
       untze du iz midest,
       nehein ubel durchennest.
       al so du sin gizzest,
570   ze stete durstirbest.
       so mustu darben
       aller diser eren
       die du nu hast
       unze du min gebot pehaltest.“
575   Al daz ter was lebentes,
       uliugentes oder gentes,
       wurm oder tiere,
       dei [13ᵃ]chomen skiere.
       dei brahte got zu Adame,
580   daz er in namen gabe.
       *d*en namen den er in du gab
       den habent si elliu unze an disen hutigen tach.
       Du sprach aue got
       „mich ne dunchet nieht gut
585   daz so eine si der man,
       wir sculen im eine hilfe tun“.
       Da nach er in ane warf
       einen slaf uile starch,
       daz [13ᵇ]er uon neheinem brahte
590   erwachen nemahte.
       ein rippe er ime nam
       uon der winsteren siten,
       tet da uz ein wib
       Adame uil nach gelich.

---

574 *nach* pehaltest *raum für ein bild.*   575 Al] Als *HP*ᵘ,
s *über* l *übergeschrieben*; allez K.   581 den] en.   582 *nach*
tach *raum für ein bild.*

595 Also Adam intspranch,
    got nam daz wib in die hant,
    er leite si zů Adame.
    dů sprach er sarîe
    „Ditze gebeine
600 ist min gemeine,
    ditze wib lussam
    ist uz mir getan.
    maget sol si haben namen,
    want si fone manne ist genomen.“
605 Von diu sol ieglich man
    sinen uater iŏch sine můter lazzen,
    er sol siu begeben,
    sol mit sinem wibe gůtliche leben.
    so sol man unt wib
610 werden beidiu ein líp.
    Beidiv waren si nachent.
    sine habeten nehein lit,
    iz ne ware eben heilich.
    dů si neduanch
615 nehein ubel gedanch
    noch unter ire brust
    chom nehein ubel gelust,
    unze si waren wolgezogen,
    wes mahten si sich dů scamen?
620 [14ª]Dĭ der ferwazen
    den man sach niezzen
    die manech falten gnade
    der er wart ane,
    dů begund er ime erbunnen
625 der himelisken wunnen.
    in alle wis er ilte,
    daz er in fernite,

---

611 *lücke nach* nachent? *M teilt den folgenden vers und stellt zu* nachent *als reimbindung* habeten. *D*¹ *gen. anmerkung zu 12, 16 ergänzt nach* K: scham hêten sie deheine, *ebenso* P² (neheine); *B verlangt des reimes wegen umstellung in 611*: n. waren si beidiv.   619 *nach* scamen *raum für ein bild.*

daz er in uerr*i*ete,
daz er gotes gebot nine behielte.
630 Der ubel atem
fůr in die nateren,
daz er dar inne sich ferhale,
daz man niene sahe,
daz er sin gechose
635 so haben mûse.
Dů negetorst er den man an chomen,
forht daz er in negerûchte fernemen,
ob er im ieth geriete,
daz er is nie neta[14ᵇ]te;
640 ob er iz an in hate er haben,
er hiez in sinen wech scaben.
Dů genaht er sich Euen,
Adames winegen.
an dem erestem stoze
645 sprach er ir zů uile sûze.
Er sprach „wanne sagest tu mir, frŏwe,
durch welehe drŏwe
du iŏch der man din
ditze obez sulet miden,
650 unt sage mir da mite
durch waz got íuwez uerbute."
Suie sin fragte der ubele hunt,
iz was ime uile wole chunt.
ich wane er sprach iz zediu,
655 ub er uerleite siu,
daz sine getorsten sprechen
si haten is uergezzen,
si waren unwizzende
chomen in die sunde.
660 Dů sprach Eua
zů dem slangen
„alle dise ere
gab uns got unser herre,

---

628 uerriete] uerréte.   660/1 *und* 662/3 *von H als je*
ein vers gefaßt, also reimbindung slangen / herre.

2*

daz wir hie nemen
665 al des uns gezeme
unt wir sin alles walten,
ob wir daz eine gebot pehalten
daz wir daz eine obez miden.
daz mugen wir lihte erliden.
670 [15ᵃ]er sprach ube wir sin gechorten
daz wir sa ersturben".
Der wurm ungehiure
suor nile tiure
daz si nieht ersturben,
675 suie sat si sin wurden.
er sprach „daz weiz got,
suelehes tages ir es werdet sat,
des ist nehein lougen,
iune werden offen diu ougen.
680 so werdet ir gote,
so gehorsamet iuwerme gebote.
ubel unt gût,
allez weiz iz iur mût."
Nu sehet ze dem uerwazen,
685 mit wie getanen geheizen
er be suaich skiere
daz wib alware.
[15ᵇ]Vvole geloupte si ime dû.
daz leit gieng ire zû.
690 si begunde scowen
úf bi deme boume.
daz obez was erlich,
anzesehen zirlich.
ofte siz ane plicte,
695 aue sa si nider nicte.
si hete michele trahte
weder si tûn mohte:
ub siz name
oder siz uerbare.

---

681 *anders interpungieren (und interpretieren)* $D^1 P^2$.
687 *nach* alware *raum für ein bild.*

700 Der gelust si geduanch
    daz siu ir einez in die hant nam.
    so si ez ze dem munde bót,
    óft siz wider zóch.
    ze lezzest si ernande,
705 sbilete deme uiande.
    si genote daz uirwitz
    daz si dar intet einen biz.
    si gaz iz halbez,
    halbez tet siz gehalten.
710 si gieng uile balde,
    gab ez ir manne Adame.
    er scóup iz in den munt.
    daz ríet ime der ubele hunt.
    er noch sa fragte
715 wa si iz bráche.
    er gaz daz sín teil.
    zů giench in beiden daz unheil,
    want sa zestunte
    unt iz ime chom in den munt,
720 dů ferstůnt er arman
    daz er ubele hét getan.
    er begunde sich scamen
    daz er nieht hét [16ª]ane.
    Er unt sin wib
725 cherten fon ein anderen ir lip,
    daz ir ne wederez nesahe
    wie daz andere getan ware.
    si spreiten ire hente
    uber ir scante.
730 Si ilten zeinem ficbŏme,
    namen der lŏbe,
    zesamene si siu suten,
    so sich wane, mit smelehen.
    da mit si sich gurten,
735 die scante si uerburgen.
    Dů ruwen si ze spate
    ir missetate.
    dů sahen ir ougen

```
            alle die tŏgen
  740  der si ungewizzen waren
       untze si daz obez uerbaren.
       [16ᵇ]Dĭz tŭ chom uber mittentach,
       dŭ gie der almahtige got
       hinnen unt ennen
  745  after paradises wunnen.
       Also in uernam
       der uile sculdige man,
       Adam unt Eua
       si purgen sich gesuase
  750  fone gotes gesihte.
       des duanc si diu forhte.
       Duo si danches ne wolten chomen,
       ir sculde sich ergeben,
       dŭ was iz ime leit.
  755  er be daht ir mennescheit,
       er rief uberlut
       „wa bistu, Adam min trut?“
       Er wesse wole wa er was;
       ne wan er fragetes umbe daz,
  760  daz er hete missetan,
       ub er is wolte in sine gnade gen.
       het er so getan,
       so war er in dem paradiso bestan.
       got hét iz uerchorn.
  765  so hét der tiefel sin arbaite florn.
       Dŭ er im harte,
       uil trurechlichen er im antwurte
       „als ich dine stimme uernam,
       michel forthe mich ane chom,
  770  want ich was nacchet.
       dŭ barg ich mich durch not.“
       Got der gŭte
       sprach [17ª]in unmŭte
       „dune mahtest dinen nacchetŭm wizzen,
```

---

741 *nach* uerbaren *raum für ein bild.*　　742 *Dĭz*] Aĭz.
752 *Duo*] Vuo.　　768 als ich] al sich.　　773 *in* unmŭte] nummŭte.

775 ne hetest tu des obezes inbizzen
daz ich dir uerbót,
da du ane hast gaz den tot."
Adam sprach dů
uil unsalechlichen.

780 „du gabe mir eine gnozzinne,
diu gab mir iz ze niezenne.
ich nehete sín inbizzen,
nehete si iz é gezzen.
Dǒ si mír iz bót,

785 dǔ az ich iz durch not."
er wolt die sulde wellen
uf sine gesellen,
er want so inpraste
der sculde rache.

790 Vvie maht er den triugen
der ane sihet alle getǒgen
unte in die scult ane wal —
daz was dér wirsere ual —,
sam er gestanten ware,

795 ub er in des wibes ferbare!
Got ne redite mit Adame mere,
er fragte daz wib sarie
wie si so getate
daz si ir man ferriete.

800 Si tet same der man,
wolt sich intsculdegen,
wal die scult uf die nateren,
sprach si hete sie uerraten,
si hete sie besuichen

805 daz si des obezzes he[17ᵇ]ten bizzen.
Got sprach zǔ deme wurme
in micheleme zorne
„want tu daz hast gemachot,
nu solt tu sin uerfluochot

810 unter alleme daz ter lebe,
iz ke oder chrese.
Vber dine brust solt tu gen,
die erde mǔst tu ezzen,

al din leben
815 mûzest tu dich so tragen.
Duo iŏch daz wib
tribet iemer zein anderen nit
noch unter iureme chunne
niemer gefehede zerinne:
820 Getritet si dir daz hŏbet
sa si dich getŏbet,
du lagest ire uersene,
daz tu sie megest gehecchen."
Ich wane aller dinge
825 daz hŏbet si anegenge
unt des libes ente
da diu uerse erwinte.
So der man wirt getŏffet,
so ist er aller siner sunten bestrŏffet,
830 so ist er reine
an alle meile.
so beginnet sín uaren
der é uerriet Adamen,
so beginnet er ime liuben,
835 des er chumet in riuwe.
er begin[18ᵃ]net ime sûzzen
daz ubele mach gebûzzen.
manech falte sunte er ime rátet,
an ethliche er uerleitet.
840 Den einen wirfet er ane glust,
des hûres achust,
daz er aller prinnet
unz er daz wib gewinnet.
den magettûm er fliuset,
845 daz engeliske leben er uerchiuset.
so hat er sich gemeilegot,
der tiufel des lachot.
so ist er unreine,
sone hat er gemaine
850 mit heligen chinden

---

noch mit mageden den iungen
die mit sante Marien
alzane sint in frôden,
so die mit rehte ·sint
855 die den tiufel uber wintent.
So in der glust geduinget
daz er sinen magtuom zebrichchet
unt er denne uerstet
wie lutzel gûtes er darane hât,
860 so beginnet ime gollen
daz er sich hât pewollen:
uil harte in amerot,
uil riuwechclichen er suffet.
Afer ist iz umbe die riuwe
865 saman ein gezartez tuoch wider zesamene siuwe.
[18ᵇ]daz tuoch stûnte michel baz
unz ez ganz was:
swie wol ez werde gebûzet,
den siut man da chiuset.
870 Och nestet ez porlenge,
é des glustes geduenge
in auer anegat,
daz er alsame tuot.
So er sich denne uescamet,
875 got er frauelichen uemanet.
so flizzet er sich danne
waz er wibe gewinne,
sone dunchet ín nieht gnuch
daz er selbe ist tot,
880 é er mit ime erstarbet
al die er fercharget,
die wole mahten genesen,
ob er sich ire wolte intwesen.
der gestet er aller in rede,
885 seh er waz sin denne werden mege.
Ettelichen man
ilet der Satanas bewellen,

---

876 fliezzet.   886 Ettelichen] *initiale undeutlich.*

cheren ab der gûte
mit starchem ubermûte,
890 etslichen mit kire,
den anderen mit nide.
etlichen er inzundet,
daz er lihte zurnet.
mit mislichen sculden
895 ilet er mennesken pewellen,
der er doch mit pûzze
dar nach chumet ze antlazze.
*M*it so getaneme nide
get er [19ᵃ]uns mite alle wile,
900 daz er uns fe die sunde liubet,
unze uns pegrifet der tót,
daz wir ungebûzte
werden sine gnozze.
so hât er uns uol laget,
905 an die uersene gehekchet.
*V*uolten wir ime daz houbet treten,
so mohten wir uns sin erretten,
so er uns aller erist riete
die ubeltate,
910 daz wir in uerwiezzen,
zû uns niene liezzen:
so trâten wir ime daz houbet,
so ware er sciere getoubet.
Dŏ got in so micheleme zorne
915 geflŏ[19ᵇ]chote deme wurme
unt forbedahte
die manegen nôta
die menneske solten liden,
dû beit er eine wile,
920 ob der man iouch daz wib
wolten dannoch lazzen ir strit,
ube si in gnade wolten gan

---

889 starchem] starchen.　898 *M*it (K)] Sit.　906 *V*uolten
(*H*)] Gublten. *Lachm.*: Gilten; *R*: Gâhiten.　913 getoubet]
o *undeutlich. nach* get. *raum für ein bild.*

des in ware gescehen.
ub si iahen
925 daz si sculdich waren,
so wolt er uerchiesen ir sculde,
wolte si lazen haben sine hulde.
Leider sine wolten,
wante sine solten.
930 in ir alten rede si stûnten,
di sult ûf eine ander wullen.
sine wolten sich ergeben.
des muzzen wir den scaden haben.
Dû got gnûch lange gebeit,
935 duo sprach er deme wibe manech leit,
er sprach scarfere worte,
suenne si suanger wurte,
é si gebare,
daz der sere uile ware
940 dei si ane ire libe
emzege mûse liden.
Dazû sprach er si scolte im sin untertan,
swi er wolte mit ir gebaren.
Hine zû Adame chert er sich dû,
945 er sprach [20ᵃ]ime zû,
der gnadige herre
rafst inen file sere:
„**D**û du mich newoltest fernemen
unt gernere uolgotest diner chonen,
950 daz tu daz obez ane wurde
daz ich dir ferbot bi deme gesunde,
nu hast tu also getan,
so der flûch uber dich mûz gan.
Suaz tu hinne fure gizzest
955 uil harto duz garnest,
du mûst mit arbeiten
allen din líp leiten.
Hiuffolter unt dorne

---

wucheret dir diu erde,
960 des chrutes mûst tu dich tragen,
daz mûz tu selbe graben.
*V*ile dicho mûz suitzen
in der sunnen din antluze,
é du garbeitest daz prot
965 da du mit fertribest hungeres nót,
unz du erstirbest
unt ze erde wirdest,
dannen du wurde genomen.
want du ware ein stǒp,
970 so solt tu zû asken werden ǒch."
*D*û dei wenigen liute
fluren daz engliske gewate
unt nacchet waren
[20ᵇ]in suntlichen gebaren
975 unt si in dem paradise
wesen nemûsen,
der gnadige got
ir ſe wedereme einen pellez gap
getan uz fellen,
980 daz siu der urost nemahte cholen.
*D*û er síun angeleite,
ich weiz er aua sa redete
„*S*ehet nu ist Adam
uns glich worden,
985 nu weiz er ubel unte gût,
nu ist er alse got.
*N*u sculen wir behuten
mit unser wisheite
daz er des obezes ieth gechore,
990 dannen ín der tót ferbere,
so mûz er iemer leben,

---

962 *V*ile] Lile.   968 *scheint schon in* WK *eine waise
gewesen zu sein;* K *ändert* 968/70 *zu einem reimpaar:* danne
du chomen bist / wan du waere ein stǒp und mist; *P² faßt*
968 *und* 969 *als éinen vers.*   988 wisheite] s *über* i *über-
geschrieben.*

in wize wesen.
Pezzer ist daz er sterbe
unt sin sculde so gerochen werde,
995 denn er werde untotlich
unt iemer uber in ge der grich."
Dů er si dere wun none bestiez,
ich weiz er si uz deme paradise liez
uile hart amerende
1000 in ditz ellende.
Wer mach sín so herte,
daz ín nine steche an daz herze
daz durch so bosen strít
den Adam héte unt sin wib
1005 [21ᵃ]al man chunne
sol darben solehere wunne.
Da bi megen wir nemen pilede
daz wir nechomen hin ze himele,
unz wir die sunde nieht begeben
1010 unt an dem strit streben,
daz uns daz lichet
da uns ter tiefel mit beswichet,
daz unsech daz tunchet gůt
da wir mite garnen den tot.
1015 Ware denchen wir armen
daz wir got ferchergen,
daz er nieht erchenne
unser hinterskrenchen,
daz wir in megen triugen
1020 mit unseren lugen?
Wir choden unsech riuwe
mit micheler untriuwe
die manegen unfrume
die wir getan haben wider ime,
1025 unte newellen si doch nieht lazzen
noch warlichen pŏzzen.
daz ist al ein spot,
des pelget sich got.

1028 pelget] peleget. *nach got raum für ein bild.*

[21ᵇ]**Dᵕ** got Euen unt Adamen
1030 im daz paradisum hiez rumen,
dů hiez er den engel cherubin
da fore sten werigen
mit furinime suerte,
daz er daz pewarte
1035 daz ter niemen inchome
der des wůcheres gename
da mannegelich
abe wurde untotlich,
want er daz wolte úf scalten,
1040 ze bezzereme zite gehalten,
want er wolt fone wibe werden geborn
unte ane dem holze der martire gechorn,
daz er den dar ana uerchargte
der uns an deme [22ª]holze beualte,
1045 daz der Adames uál
der é gie uber al
uertiligot wurde an deme gotes tôde
der aller sunde was ane.
des choden wir alzesamine
1050 laus tibi domine.
Adam sin wib erchande,
so noch site ist in demo lande.
er hete mit ir minne,
so man noh spulget hinnen unt ennen.
1055 daz nebenam ire frost noh hunger
sine wurde eines chindes swanger.
ê si den gebare,

1042 gechorn] gechron (*von Weller beibehalten*). 1047 *von*
M, V, R *und* P² (*gegen* W) *in zwei verse geteilt, mit* 1048
dreireim bildend: wurde | tode | ane. (*R betrachtet* ane |
samine | domine *als dreireim*). K *hat* wurde *allerdings in*
reimstellung, geht dann aber 1047 *und* 1049/50 *eigene wege*:
swenne got mennisch daran ersturbe | der aller s. was ane |
nu sprechet laus tibi domine. 1050 *nach* domine *raum für*
ein bild. 1055 frost] ufrost.

so ward ire ofto sware.
maniges si geluste,
1060 swelihiz si dere uerwiskte
daz tet ire [22ᵇ]uile we,
also got ire fore sagete ê.
so chom si in unmaht,
so was churz ire chraft,
1065 so was si fure tot,
daz was ein michel not.
daz treip salle
neun manode uolle,
so nie nehein tach
1070 churzer noh langer gelach,
sine wante wenegez wib
daz si begeben mûse den líp.
daz mûse so sin,
want ir da zů drote unser trehten.
1075 Vvante newas si ime geuallen an dẹn fûz
unt hate ime gechlaget ir grûz.
lieze si der zahere nieht beturen
unz iz ime maht erbarmen,
hete ime weinnent an gelegen
1080 unz er ire sculde hate uergeben,
hate doch gesprochen
daz si sin gebot hate uerbrochen,
iz ruwe si harte,
si bûzt iz gerne,
1085 ir war ouch daz leit
daz si ir man ferriet,
heten ainen anderen geraten
daz si beidiu antlazes paten:
ia ware so michel sin gnade,
1090 daz da ran ne ware nehein tuâla
er nehete in iz fer[23ᵃ]geben,
so mahten si mit gnaden hiute leben.
Gnûch haben wir in ferwizen.
wolte wir unsech selben dabi pezzeren!
1095 leider wir netûn
mit willen noh mit werchen.

```
         want wir tuelen neheine wile
         uns pewellen mit hûre iŏch mit nide,
         mit ubermûte iŏch mit kire.
1100  So wir gestiften dei menegen leit,
         so birn wir also gemeit,
         sam uns wole si gescehen,
         sone welle wir sin bihte iehen.
         sus in rûme
1105  fermezze wir uns danne gnûge.
         Do hine uber lanch
         so sol got sin in danch,
         ube wir zeinem phaffen chomen,
         bitten in unser biht fernemen:
1110  sumelichez wir sagen,
         sumelichez wir ferdagen.
         gote wir da lingen,
         uns selben triugen.
         So gibet er uns puozze
1115  mit der suntone antlazze
         der wir im beiahen,
         nieht der wir uber hûben.
         die mûzzen wir dane tragen,
         daz wirre [23ᵇ]antlaz niene haben.
1120  Got weiz selbe
         al unser sculde.
         wir netûn nieht so getŏgen
         des wir im mugen ferlŏgen,
         ne wan daz im liep ware
1125  daz sich menneske ergabe
         siner sculde,
         daz er ime gabe sine hulde.
         Nu gnade uns got allen,
         ube wir geuallen,
```

1097 ff. *dreireim, so auch P²;* K *ändert* 1099 *zu einem
reimpaar um:* darzû mit der ubirmût / hûr und kire uns leide
tuot; M *und* H *teilen:* want wir tuelen / neheine wile uns
pewellen / . . . .   1108 wir sin] wirs in.

1130 so wir alzane tûn,
      daz sín der tiufel negwinne rûm,
      daz wirz ferdagen unz an den ente,
      daz er sin werde mendente.
      wir sculn iz é berûgen,
1135 uil warlichen beriuwen,
      mit warer pûzze
      chomen zantlazze,
      sculen den scenten
      der uns ferleitte mit den sunten.
1140 daz gerûche du, trehten,
      senten in allere christene sin.
      [24ᵃ]Dô des zit was,
      Adames wib des chindes gnas.
      si gebar einen sun,
1145 den hiez si Kain.
      chot si hat in besezzen
      mit micheleme smerzen.
      Dû ouch des zit chom,
      einen anderen sun si guan,
1150 Abel si in en namote,
      lutzel an im habete.
      Dô dei chint gewûhsen,
      daz si sich ferwisten,
      Kain wart uile wacher
1155 ze puwene den accher.
      sumer unt winter
      was er uil munter,
      frûge ze siner howen,
      er wolt sih siner arbeite frôwen.
1160 dorn unt bramen
      ilt er uz prechen,
      den accher er furbte,
      daz deste baz dar ane wurte
      ein iegelich chorn,
1165 da é stûnt hiuffolter unte dorn.
      Er phlanzote sinen garten

1141 *nach* sin *raum für ein bild.*

mit mislichen chruten,
dar sich mit nerte,
dem hunger sich mit werte.
1170 Hirs unt rûbe
wân er ouch ûpte,
der íe wederez ist gût.
uz hirse man den prien tût.
aue nemach ich wizzen
1175 wie si dannoch [24^b]machoten ir ezzen,
niwan ich fant gescriben
daz si den hunger mit chrute fertriben.
der da zû hate prot unt wazzer
der ne gerte wirtscefte bezzer.
1180 Die milich si ouch nuzzen,
mit den uellen sich rusten.
in was bi den ziten
sam nu ist sumelichen liuten
die fon richtuomen
1185 zarmoten choment.
die nechunden puwen,
die sehent menege riuwe,
die indanc muzen nemen
suaz in got geruchet geben.
1190 same tet Adam
iôch sin wib lussam,
mûsen mit armûte
liden ire note.
Der iunger bruder
1195 hûte der lember,
er nechunde nieht puwen.
er nespulgte untriuwe.
in duhte durch gût
so man im gab milich unte prôt.
1200 so gieng er den tach langen
da uz in der sunnen;
daz fihe er zesamene treip,
daz neheinez da uze beleip,

1180 *Die*] Nie.

er nebrahte iz heim widere,
1205 so diu [25ᵃ]sunne gie ze sedele.
Dᵛ wurten die brudere unter in
eines tages des inein
daz ir íe wederer name
sines gûtes so file in gezâme
1210 unt si gote oppheroten
mit diu si heten.
si wolten sich im gerne genahen,
ub er ir oppher gerûcht inphahen,
daz in deste baz dige
1215 al des er in uerlihe.
Kain unt sin bruder
prahten ir oppher.
Kain was ein accherman,
eine garb er nam,
1220 er wolte sie opphe[25ᵇ]ren
mit eheren iöch mit agenen.
daz oppher was ungename,
got newolt iz inphahen.
Abel was einvaltich unt semfter.
1225 er hielt siniu lember,
an nehein ubel er nedahte,
ein lam zopphere brahte.
Got inphie daz lamp
unt wesse imes michelen danch.
1230 Kain der nît ane gíe,
daz antlutze im inphiel.
Dᵛ sprach unser trehten
„umbe waz zurnestu, Kain?
du bist uil bleich,
1235 zû dinem prûder ist dir leit.
Wil du wol tûn,
des uindestu lôn;
hast anderes gedaht,

1205 *nach* sedele *raum für ein bild.*   1207 tages] tagedin.
1209 gezâme| gazâme.   1224 Abel] Vbel.   1228 Got]
initiale fehlt.

des wirt ouch rât.
1240 ich lazze dir den zugel
ze tûnne gût oder ubel.
also dich gezimet,
den ent er genimet."
[26ᵃ]Dꝛ Kain gehorte
1245 war iz got cherte,
uil hart er ir bleich.
uil bal d er dane straich.
nîdes was er uoller,
er sprach zu sinem brûder
1250 „nemagen wir hin uz gân?
waz sul wir hîe langere stan?"
Ze uelde si giengen
mit ungelichem willen.
da slûch Kain
1255 Abel den brûder sin.
da hûp sich der nît,
der richsinot iemer sît.
Dꝛ sprach unser trehtin
zû dem unsaligen Kain
1260 „sagme ane, weniger,
ware hast du getan dinen brûder?
er chod newesse
noh sin hûten nesolte.
Dû er balch sich sin sere
1265 unser aller herre,
er chod „waz hast du getan?
nehortest du mich ane rûffen
dines prûderes plût
deme du hast getan den tôt?
1270 diu erde ist uerfluchet
diu é was rein unt maget
diu uone dinen hanten
dines prûderes plût hat uerslunten."
Dꝛne wolt er in nieht flîesen,
1275 er hiez in gen pûzen,

1243 er] ez *D*¹.   *nach* genimet *raum für ein bild.*

sin zeichen er im gab,
daz ime niemen [26ᵇ]tate deheinen slach.
dů můs er sin fluhtiger unt wadalere
ze uile manegeme iare.
1280 sin půze newas porgůt,
ubel was sin herze iŏch sin můt.
er lerte siniu chint
dei zŏber dei hiute sint.
dů wurten die scuzlinge
1285 glich deme stamme:
ubel wůcher si paren,
dem tiuele uageten.
Adam hiez si miden wurze,
daz sinen newurren an ir geburte.
1290 sîn gebot si uerchurn,
ir geburt si flurn.
dei chint si gebaren
dei unglich waren:
sumeliche heten hŏbet sam hunt,
1295 sumeliche heten an den brusten den munt,
an den ahselun dei ougen,
dei můsen sich des hŏbtesgelŏben;
sumeliche heten so michel oren,
daz si sich damite dachten.
1300 Etlicher het einen fůz
unt was der uile grôz,
damite lîuf er so balde
sam daz tîer da ze walde.
Etlichin par daz chint
1305 daz mit allen uieren gie sam daz rint.
Svmeliche flurn pegare[27ᵃ]we
ir sconen uarwe,
si wurten suarz unt egelich.
den ist nehein liut gelich:
1310 dei ŏgen in scinent,
die zêni glîzent.
suenne si si lazent plecchen,

1289 sinen ne] si niene *D*¹; *eher zu conjicieren*: sin ne.

so mahten si iöch den tiufel screchen.
die afterchomen an in zeigtun
1315 waz ir uorderen garnet heten:
alsolich si waren innen,
solich wurten dise uzzen.
Adam auer einen sun guan,
Seth genanten.
1320 der wart gût unt kereth,
ern ûpte nehein unreht.
er guan dei chint
dei got liep hiute sint.
al daz si taten
1325 in gotes lop siz cherten.
so liebe dienoten si dir, trehtin,
daz du si hiezze chint din.
mit dem tiuren miltnamen
waren si uon Kaînes chinden gesceiden.
1330 der uater hiez Belial,
daz ist der leidige tiefal,
der Adamen uerscunte
an die aller êristen sunte,
der ime des paradises irbunde
1335 und allem manchunne,
den sin selbes ubile
uer[27ᵇ]treib uone himele,
der negunde uns des nieht
daz wir habeten daz ewige lieth
1340 daz er flos durch ubermût,
do er wesen wolde same got;
der geriet ouch Kain
daz er slûg den brûder sin.
Sconiv wib wurden
1345 under Kaînes geburte.

1314/5 *faßt P² als zwei reimpaare mit den reimen*: after-
chomen / zeigtun; uorderen / heten; *die hs. hat nach* a. *punkt,
aber nicht nach* uorderen; K *entfernt sich textlich sehr weit,
gibt aber für* 1314/5 *nur éin verspaar* (26, 15).   1317 *nach*
uzzen *absatz*.

swie ubel si waren,
so was in doch got gnâdich:
er machote si scône unte lusam,
obe sî is ime wolten danchen.

1350 *Do* dei gotes chint gesahen
des tieueles chint so wolgetane,
zesamene si gehîten,
micheliu chint gewunnen,
gigante die mâren.

1355 allez ubel begunden si mêren.
Do begunde unseren trehtin
uile harte riuwen
daz er ie gescûf den man
nach sinem bilde getan.

1360 iz rŏw in uone herzen
unde begunde in harte smerzen
die er gescûf zeren
daz die deme tieuele solden werden.
do wart ime ze mûte

1365 daz er mit der sin[28ª]ulûte
die werlt wolte fliesen,
daz ir niene solde besten.
[28ᵇ]Noe was ein gût man,
drî sune er gewan.

1370 den chos er ime ze trûte
uz andereme liute.
deme chlagete er dei leit
dei der waren in der werlte breit.
er sprach nu si an in niene wolten denchen,

1375 er wolte si mit der sinulôte irtrenchen.
Er hiez Noen wurchen ein arche
uile wunderen starche,
driu hunderet elline lanch,
daz dar inne ware gewaltiger ganch,

1350 *Do*] *initiale fehlt.*   1355 *nach* mêren *absatz.*   1356 *Do*
(*R*)] *So.*   1367 *nach* besten *raum für ein bild, größer als*
sonst (wegen des in der mitte des blattes befindlichen loches
im pergament?).   1368 Noe] *große initiale, drei zeilen hoch.*

1380 unte hiez si an der sîten
      machen finfzich elline wît.
      ouch duhte in genûge
      ube si hate drîzzech elline an der hohe;
      daz er si ouch so worhte,
1385 daz si uerwerden nedorfte,
      so uaste hiez er si chlampheren
      unde lîmen,
      daz si der flûte ureise
      er liden mahte
1390 unte er dar ín nâme
      alles des der lebentik ware,
      reines sibeniu,
      unreines sibeniu,
      iegeliches niene wan zwis[29ᵃ]ckiu.
1395 Ich waiz er in der arche
      drî solare worhte.
      in deme nideristen waren
      aller uogele gechrademe.
      in der arche hohe

1384 daz] er gebot daz *Pn.*   1386/7 *versteilung hier*
unsicher. die hs. hat keinen verstrennungspunkt zwischen 1386
und 1387; *von Pn als interpolation betrachtet;* K (28, 11) *hat*
für 1386/7 *nur éinen vers:* er hiez si limen und chlamben,
ändert dann das reimwort von 1388 daz si flûte strange *sowie*
von 1389 wol mohte erliden *und gibt zu* 1389 *einen neuen vers*
er hiez in niht beliben / ....; *H zieht* si chlampheren *zu*
1387.   1392/4 *verderbte stelle der vorlage?* K *ändert:* er
ennaeme darin subiniv gemeines / und subiniv unreines / uzzir
allem tiere / er hiez in leisten schiere. *Lachmanns conjectur*
reines iegeliches sibeniu / unreines niene wan zwisckiu (*anmerk.*
zu den Nib. 2081 s. 261), *die den text mit der vulgata in*
sachliche übereinstimmung bringt und den dreireim beseitigt
und auf die schon H verwies, setzt P² in seinen text. ohne
die von L (wohl nur aus rhythmischen gründen) vorgeschlagene
umstellung von iegeliches *als einfaches abirren des schreibers*
eher zu verstehen, also: reines sibeniu / unreines iegeliches
niene wan zwisckiu.

1400 was Noe unte sîn gezohe,
     er unde sin chone,
     sine snúre unde ire wine.
     Uierzech tage unde uierzech naht
     der regen nîene gelach.
1405 ûf taten sih des himeles holer,
     dar en gagen switzten dei teler,
     daz wazzer floz uber al,
     iz fulte berg unde tal.
     dei gebirge do sunchen,
1410 dei lûte elliu ertrunchen.
     So der regen begunde stillen
     unde dei wazzer bigunden uallen,
     Noe einen raben ûzsante.
     an eineme âsa ér erlante.
1415 do sante er ûz eine tûben
     âne der untriuwen gallen.
     diu brahte ein olezwi.
     da chôs er sâ bî
     daz diu flût fure was.
1420 do beit er unz er chôs poume unde gras.
     [29ᵇ]Vz gie do Noe mit sinen chinden
     iŏch mit ire wiben.
     do lîz er ûz tier unde wurme,
     fihe iŏch gefugele.
1425 er sprach „gêt an dîe erde
     unde flet daz uwer uile werde".
     [30ᵃ]Do diu flût fure wart
     unde diu arche stŭnt in monte Ararat,
     do brahte Noe
1430 gote sin oppher.
     daz oppher stanch sŭzze.
     ich weiz er ime do gehiez
     daz er niemmer mêre

1403 Uierzech] U *auf rasur.*   1420 *nach* gras *raum für*
ein bild, der schreiber tilgte 29ᵇ oben durch rasur drei zeilen des
folgenden textes (Vz gie — sprach), da er die aussparung des
raumes für ein bild vergaß und schrieb sie 29ᵇ mitte.   1426 *nach*
werde *raum für ein bild.*

die wærlt flure mit wazzere,
1435 unde segenote Noe
mit alleme sineme dinge
unde sprach swer den anderen irslůge
daz der dei wîze lîden můse,
nehein an der wîze
1440 neware daz er daz selbe mûse liden.
Danah gehiez got Noe
unde têt is ime ueste,
daz er wolte haben minne
zů allem manchunne,
1445 daz er ze zeichene hête,
suenne iz wolchenote
unte der regen poge
uns suebet obe,
daz der wâre scône
1450 zeichen siner minnone,
daz wir dannoch zwiuilen nescolten
erne wolte uns gehalten.
ouch hôrt ich sagen
daz man sin nieht insehe drizzich iâr uor deme
1455 Daz zeichen ist also lusam,   [30ᵇ]sůntage.
daz stât also unuerborgen,
daz ist grůne unde rôt,
daz bezeichent wazzer unde blůt
dei Christe uz der sîte fluzzen,
1460 dô sí ime mit spere wart durchstochen.
uon diu sculen wir miskan
zů dem wazzere den win,
suenne man die misse singet
unde der gotes martere gedenchet;
1465 daz wirt ze ware
ze blůte uf dem altare.
Mit deme selben blůte
gewinnen wir widere die tôffe,

1439/40 *nach Pn interpolation.*   1453/4: *so die versteilung*
in der hs und bei P²; K *zieht* daz man sin nieht insehe *zu*
1453. *von* VRPn *als interpolation betrachtet.*

die wir so dikche uliesen,
1470 so wir uns mit sunden bewellen.
die riuwigen zahire
gebent unsis die tőffe widere,
daz si daz helle uíur erleskent,
uon sunden uns waschent.
[31ª]Noe begunde do buwen,
1475 sinen wingarten phlanzen.
des wines wart er trunchen,
do gieng er slâfen.
ich weiz sîn sun Cham
in allen gahen dar chom.
1480 er sach in blekchen,
er newolte in dekchen.
er sach sine scante,
spottende er dane wante.
sine hende slûg er zesamine,
1485 sines uater honde hete er ze gamine.
sinen brûderen er sagete
waz er gese[31ᵇ]hen habete:
sinen uater likken,
under den beinen blekchen.
1490 *S*ine brûdere Sêm unde Iaphêt
die newas sin gamen nieht.
si namen ein lachen
hinten uber ahsale,
uorne burgen si sich uil geware,
1495 ruckelingen giengen si dare,

1472 unsis] unsich *D*¹; uns ie? 1473 *die teilung bei*
M und H in zwei verse (nach helle!) *ist mit R abzulehnen;*
*D*¹ *gen. anm. zu 30,22 ergänzt nach* K *den hier in* W *offenbar*
fehlenden vers (aber mit unnötiger umstellung gegen K!): daz
si uns von sunden waschent / daz helle viur erleskent. *Sch*
*und nach ihm P*² (*nach* erleskent): unde uns die sunde abe-
waskent. *nach* erleskent *rest der seite leer, obere hälfte von*
31ª raum für ein bild. 1490 Sine] Dine. 1491 *D*¹ *gen.*
anm. zu 31,7 schlägt (ohne grund) vor, für die den *und für*
nieht nieht liep *zu lesen.*

daz lachen wurfen si in ubere
unde cherten uile balde widere;
dane begunden si gahan,
daz si die scante nesahen,
1500 und in leit ware
ube iz ander ieman sâhe.
[32ᵃ]Do Noe er wachete
und uil rehte urescete
wie Cham hete getan,
1505 do er in sach plekchen,
ich weiz er in uerulûchete
mit aller siner afterchunfte.
er hiez si scalche sin,
dienen sinen brûderen.
1510 Die anderen zwene er wihte
zû urîeme lîbe:
si waren in gezelten
so herren scolten,
daz si selbe unde ir wib
1515 in allen dingen waren salich,
noch ire chinden
niemmer gûtes scolte zerinnen,
unde ire scalche waren
die Cham unde siniu chint gebaren.
1520 Suelihe bi den zîten
ir uorderen gewihten
den gab diu erde
gnûg des dar ane solte werden,
garten unde obezpôme
1525 namen ouch der wihe gôme,
ros unt rinder,
manech uihe ander
wart uile barig.
in alle wis waren si salik.
1530 Vone Chames sculde
wurden allererist scalche.

1501 ube] ubez.   *nach* sâhe *raum für ein bild.*   1517 scolte]
aus scolten *durch rasur.*   1530 Vone] *initiale fehlt.*

ê waren si alle
eben urî [32ᵇ]unde edele.
Châmes hûhes unde spottes
1535 uile manige inkulten des.
Auch enist nieman so um mare
so der nîtspottare,
der ime daz ze frumikheite zuhet
daz er sinen tiureren beliuget.
1540 so mach man den bosen
aller lihtest chiesen,
wande nehein frum man
spulget den anderen honen.
Do Noes chint begunden
1545 an ire ge[33ᵃ]burte sich meginen,
do newurten si alle nieht gůt:
sumeliche uerleite diu ubermůt,
daz si sich wolten mâren
in die werlt wite,
1550 si namen ziegel unde ander geziuge
unde begunden wurchen ein urre,
einen michelen turn.
da hůp sich ein grozer sturm.
Do wisse unser trehtin
1555 den nieht inmach uerholn sin,
ube si iz mit der chrefte uoltâten,
daz sal die werlt zestorten.
dannoch was ein zunga
in allem manchunne.
1560 do machote er dar uz
zuo unde sibenzich,
daz der manne nehéin

1533 eben *bei H reimwort von* 1532.   1543 *nach* honen
raum für ein bild.   1548 ff. *verderbte stelle?* 1548 *waise?*
1551/3 *dreireim?* K *ergänzt zu* 1548 *mit* grozzer alwaere *und
hat keinen dreireim, es fehlt ein* urre, 1551/2 *bilden in* K *éinen
vers:* si begunden mŏren einen turm; *war vielleicht* 1552 *glosse
zu* urre *in der vorlage* WK? *VR teilen* maren / wite; ziegel /
geziuge; begunden / urre.

die da worhten den stein
uernemen nemahte
1565 waz der ander sagate:
so einer den stein wolte,
so wante diser daz er den chalk bringen solte.
uile harte si zewurfen,
nieht mere sine worhten.
1570 des gezimberes was ente.
der turn heizet scante,
uon diu daz die da ge[33ᵇ]scendet wurden
die wider gote da worhten.
After Noes lîbe
1575 in dem zehenten geslahte
do wart geborn ein man,
geheizen Abram,
der daz chunne uber guldete
mit gûte iôch mit gedulte.
1580 ich sage iz iw zware,
sin wib hiez Sara.
dei zuei hiwen
begunden gote lichen.
er was ime gehorsam
1585 al des er in hiez tûn.
Got hiez in sin lant [34ᵃ]rûmen,
sprah er scolte alsua puwen
uon sineme chunne
so uerre in unchunde,
1590 sprach er wolte ime da geben,
daz er iemer mit eren mahte leben.
Er glôpte ime daz uile gerne
unde uûr uon den sinen uile uerre
zeinem anderen lande,
1595 da in niemen erchande.
got in da berûhte,
wande er iz uerre an in sûhte.
Do besaz diu erda,

1573 *nach* worhten *raum für ein bild.*   1574 *After]*
initiale, für die hier zwei zeilen eingerückt sind, fehlt.

da newolt nieht ane werden.

1600 Abram duanch der hunger,
do sůth er stat andere.
mit wibe iǒch mit gewande
fůr er ze Egipte lande.
sin wib was uile scone,

1605 er uorhte daz ime dannen scade chome.
der man listiger
hiez si choden si ware sîn suester.
daz tet er umbe daz
daz er durch sî ne habete haʒ.

1610 Ich weiz si ime si namen,
si brahten si uure den chunich heren.
er wolte si haben ze wibe
unde tet [34ᵇ]ime durch sî uil ze liebe.
Suie here der chunich ware,

1615 daz was got bormare:
durch des uberhůres sunde
uile manige chestige er în ane sante,
unze ime der chunich gedahte
deiz ime durch daz wib gescâhe.

1620 Do hiez er ime gewinnen
den gůten Abrahamen:
er sprach „wârumbe betruge du mich
mit dinem wibe erlich?
du sprache si ware din swester.

1625 ich hân ire manigen scaden unde sêr.
nu nim din wib
unde selftir din lîp!
nim mines scazzes
iouch anderes nutzes

1630 so uil so dir geualle
unde uar heim mit alle,
daz ich din mere
habe dehein ungeuûre.“
Do Abram heim chom,

1635 der hunger was ergangen.

1609 haʒ] hat.

      er unde Loth, sines brûder sun,
      gewnnen so michelen richtûm,
      daz si sament nemahten puwen.
      do mûsen si sich sceiden
1640 unde taten daz mit so[35ᵃ]lehen minnen,
      daz ire hîwen nîene gebiegen
      noch ne dorften
      sament zewerfen.
      si teilten beide
1645 daz lant uile gemeine.
      Do der gûte Abram
      gote was also undertan,
      do sprach got der gûte
      mit frolichem mûte
1650 er wolte sin scirmare sîn
      unde wolte ime wole lonen.
      Do sprach Abram —
      gote was er gehorsam —
      „ich nehan erben,
1655 zewiu scolt du [35ᵇ]mir mere geben?
      den *h*ast du gi geben chint
      die mir dienent
      unde hast mir des uerzigen
      des tu in hast uerlihen!“
1660 Got hiez in ûf sehen
      an den himel heiteren,
      hiez în zelen die sternen
      die er sahe nahene oder uerre:
      also er daz mahte getûn,
1665 daz sam uile ieman mahte ersinden

     1640/1 *unsichere versteilung*; *H faßt* 1640 *als waise und
teilt (dem verspunkt von* W *folgend)* 1641 *in ein reimpaar mit
der bindung* hîwen / gebiegen. *P*² *teilt auch* 1640 (*mit um-
stellung von* daz *und* taten), *zählt also zwei reimpaare:* taten /
minnen *und* (*wie* H) hîwen / gebiegen. *Pn hält* 1640 *für
interpoliert.*   1645 *nach* gemeine *absatz.*   1651 *nach* lonen
raum für ein bild.   1656 den *h*ast (*D*¹)] h *aus* d *vom
schreiber korrigiert.*

dere wŭchere samen
die uon sinen lanchen chomen.
Abram wart uile urô in sinem mŭte,
des geheizzes er ne zuiuelote.
1670 da zŭ chod er daz er ime gabe
suaz er des lantes uber sahe.
Abram wunder genam
wie daz mohte werden.
Also er des nahtes rasten began,
1675 michel uorhte in ane chom.
uile scîere er intsuebite,
got ime do sagete
daz sine after chomen
ellende scolten werden
1680 unde si warin da in scalktŭme,
unz er in selbe ze helfe chome
und er si mit gewal[36ª]te dane nâme,
so iz ime wol gezame.
„in dem uierden chunne
1685 so lôse ich si danne".
Abrahames wib Sâra
diu was umbare.
si sprach zŭ ire manne,
nu ire got des negunde
1690 daz si bern solte,
daz er doch niene tuâlte
erne gewunne wŭcher
uon ire diuwe Agar.
ze wibe sise imo gab,
1695 eines chindes wart si nothaft.
do begunde si ire urŏwen
sa zestunt uersmahen.
Diu urŏwe daz newolte
noh dulten ne[36ᵇ]scolte.
1700 ich weiz si ire tét manech leit,
unz si sia uertreip.

1685 *nach* danne *raum für ein bild.*

      der gotes engel ir zuo sprach,
      hiez si widere cheren,
      ire urŏwen wesen undertan,
1705 unde sagete ire zeware
      daz si sciere einen sun gebare,
      der wurde scarf unde grimmich
      wider daz liut unsalich,
      er wurt ouch in ungnadich.
1710 Also si daz chint guan,
      Ismahelem si in nameton.
      dannen chomen Ismahelite
      die uarent in dere werlt wite,
      daz wir heizzen chaltsmide.
1715 ach in in ire libe!
      wande al daz si habent [37ᵃ]ueile
      daz enist nieht ân etteliche meile.
      er chôuffe wole oder ubele,
      er wil ettewaz dar ubere.
1720 niemmer er gewandelot
      des er uerchôuffet.
      sine habent hûs noch heimot,
      si dunchet uber al eben gût.
      daz lant si durchstrichent,
1725 daz liut mit untriuwen besuichent.
      sus betriegent si daz lîut.
      sine rŏbent niemen uber lôut.
      Do Abram die gotes getŏgen
      so ulizzicliche hete uor ougen,
1730 do lerte er in die site
      daz er sich an siner scante [37ᵇ]besnite,
      unde suaz mannes geburte

    1702 *in* W *waise. fehlt etwa nach* 1701 *der vers, den* K *hier hat* (des gewan sie grozen ungemach)? *H zieht* 1702/3 *zu* éinem *vers zusammen.* Pn *faßt* 1702/4 *als dreireim.* 1706 *teilt* P² *in zwei verse (nach* sciere *hat* W *einen vers-trennungspunkt).* 1707/9 *dreireim? in* K *fehlt* 1709; *interpolierter vers?* 1709 *nach* ungnadich *raum für ein bild.* 1727 *nach* uber lôut *raum für ein bild.*

in sineme chunne wurde,
daz die alle sich same besniten,
1735 allez unreht uermiten.
der site ist hiute
under iudiskem liute
unde ist ire geloube
iz si in bezzere denne diu touffe.
1740 Abraham saz uor sineme gezelte,
sines gebetes da spulgte.
do sah er drî man
uure sin gezelt gen.
der got*e* [38ª]werde
1745 bôug sich unz an die erde,
er bat si nahere gen,
eines brotes prechen.
Si geuolgeten ime des
in namen mines trehtines.
1750 er hiez Saram
wurchen dri uochenzen.
er ilte loufen,
ein marwez chalp bestrouffen.
do er iz erslûg,
1755 die nûzze er in duog.
bedaz er getete die mandate,
so was daz ezzen gesoten iŏch gebraten.
So si begunden ezzen,
ich weiz si frageten
1760 wâ der ware
sin gût wib Sara.
er chot si ware in gezelte,
so wib scolte.
Der engel sprach do
1765 Abrahame so liebe
„so ich herwidere chume ze iare,
so hat chint dîn wib Sara".
ich weiz si des solich gamen hete,

1739 *nach* touffe *raum für ein bild.*   1744 gote]
goto.

daz si erlachête,
1770 wande si wunder nam
wie daz scolte werden,
so lang si niunzich iare alt ware,
zehenzich Abraham ire herre.
Der engel sprach zů Abrahame
1775 „zewiu lachet din wib Sara?
were [38ᵇ]got nu sprich,
ist gote ieht ummathlich?“
Si lougenote sciere,
si uorhte ire sere.
1780 er chot „niene lougene,
du můst leisten gotes tŏgen,
wande du hast ze iare
einen sun urambâre.
Ysaac scol er heizzen,
1785 al die werlt scol er geurouwen.“
Sara wart suanger.
des wunderot manech wib ander.
do ward er so er gote wol gezam,
Ysaac si [39ᵃ]in nameton.
1790 do si in besniten,
michel wirt scaft si habeton.
Do er begunde wahsen,
daz er chume mahte sprechen,
mit dem chebes průder er spilite.
1795 diu urŏwe Sara daz nelobete,
si bat ir herren
daz er daz hûs hiezze rumen
die diu und ir sun,
sine wolte sîn nieht ze erben.
1800 Abrahame geuiel daz ubele.
got sprach ime zů uone himele,
er hiez in daz er tate,
also in sin wib gebeten hete.
er sprach daz got nien er gazze

1785 *nach* geurouwen *raum für ein bild.*   1804 er spr.
daz got] got spr. daz er *Pn*; er spr. daz er *P²*.   1804/6 *drei-*

1805 er machete inen mare,
      wande er sin same ware.
      [39ᵇ]Abraham tet durch nôt
      also ime got gebôt:
      die diu und ir sun
1810 hiez er daz hûs rumen.
      er gab ire brôt unde wazzer,
      ouch negerte si do bezzer.
      si gieng in eine wûste
      mit lutzeleme troste.
1815 So ir des wazzeres zuirote,
      do was si unde daz chint in michelere nôte.
      ein pogestal si uon ime saz
      weinente an daz cras,
      daz sine gesahe
1820 wie ir chint den ente name.
      Got erhorte si do.
      da spranch ein sconer brunne,
      daz chint si gelabite,
      uon deme tode ernerte.
1825 da begunde er wahsen,
      manech wilt fahen;
      abe gescozze und ab iagede
      nam er sin getragide.
      Do er do gehîte,
1830 uile harte er chindote.
      do er gie gotes geheiz:
      sin afterchumft wart uile breit.
      daz wurden allez choufliute,
      sine wurden niemannes triute,
1835 wande sine lânt in erbarmen
      richen noch armen.
      suen [40ᵃ]si niene megen betriugen,
      uil innere siz periuwent.

---

reim? in K *einschub eines verses nach* 1804, *also zwei reim-
paare:* ergezzen / setzzen; maere / waere.   1806 *nach* ware
raum für ein bild.   1819 sine] si. si niene *P*n*P*². *die
negation fehlte bereits* WK.

suenne si ettewen ulustik machent,
1840 so stant si unde lachent.
     Der almahtige got des gerůhte
     daz er Abrahamen besůhte,
     ob er in wolte minnen
     mit alleme sinem willen.
1845 er ehot „Abraham Abraham!“
     er antwrte ime sa
     „sich wa ich stan“.
     got hiez ín sinen sun
     den er minnote uon herzen
1850 ůf einen berch fůren
     und imen da op[40ᵇ]pheren.
     Daz chint er uie,
     an den berg er gie.
     er worhte sinen altare.
1855 daz chint sprach wa der uriskinc ware.
     der uater sprach daz got wole wesse
     welich oppher ime geriste.
     Da bi dem worte
     ge greif er in uile harte.
1860 ich weiz er niene erwant,
     ê er ime gebant
     íe wederen uůz iǒch hant.
     ůf den altare er in warf,
     er zoch sin suert uile scarf
1865 und nehâte got denne scierore gesprochen,
     er hete den sun durch den hals gestochen.
     Do aue got sach sinen willen,
     do hiez er in stillen,
     er hiez in daz chint nieht růren,
1870 er sahe wole daz er in wolte minnen.
     Abraham blichte hinter sih,
     da sach er einen ram erlich,

    1840 *nach* lachent *raum für ein bild.*   1845/7 *dreireim?*
oder ist 1846/7 *als éin vers zu betrachten wie in* K?
1860/3 *dreireim?* K *faßt* 1861/2 *in éinen vers zusammen:* unz
er im hende und fůzze bant.

der haftote in den pramen,
den nam er uil bechome.
1875 sinen sun er enbant,
den ram er anerwant.
got er in oppherote
mit micheler deumûte.
Do sprach unser [41ᵃ]trehtin
1880 zû Abrahame uile minnechlichen
„nu ich dir lieber bin
denne din einiger sun
und du ime ne woldest entliben
durch mine liebe,
1885 nu wil ich dines libes samen
den sternen ebenmazen
und deme grizze
den daz mere uber ulîezze:
sam michel werde din chunne
1890 daz uon dir enrinne.
Do diu urŏwa Sara
gelebete hundert iŏch siben und zueînzich iare,
dise werlt si begab.
Abraham choufte ir eîn grab
1895 und beualech si scone
[41ᵇ]mit stanch aller bimentone.
uile harte er si chlagete,
zelezzist er gedagite.
do begunde er sich trosten.
1900 waz mahte er do bezzeres tûn?
so tût unser igelich,
so ime gescihet samelich.
Do iz zû diu chom
daz Ysaac scolte gehiwen,
1905 sin uater Abraham
eiskot sinen amman;
den hiez er suerigen,
so in got mûse nerigen,

1890 *nach* enrinne *raum für ein bild.*   1898 gedagite]
gedugite, u *zu* a *gebessert.*   1902 *nach* samelich *absatz.*

```
            daz er der liute
1910   da er under buwete
            niemmer wib negewnne
            Ysaac sineme chinde.
            er hiez in dar uaren,
            dannen er was geborn,
1915   zů sines brůder hûs Nachor,
            daz ime Batuel gabe sine tohter,
            die sconen Rebeccam,
            Ysaac ze gebetten.
            Der scalch sprach, obe man ime ire niene gabe,
1920   waz er des mahte;
            er ne scolte ŏch sich des pelgen,
            ob si ime newolte uolgen?
            Abraham chod „des eides sis du ledich,
            ob dir ne uolge diu magit“.
1925   In [42ᵃ]dem ente
            lůd er zewo olbenten
            mit mislichen dingen
            der magide ze minnen.
            also er dare chom,
1930   er irbeizta bi einem brunnen.
            do der abant zů seich,
            daz fihe man ze trenche treib,
            er stůnt, bette
            daz in got gewerte,
1935   daz er ime daz wib erougete
            diu sineme herren scolte.
            Er chot „nu wil ich haben ze zeichene,
            welihe got mir eichine:
            suelehe maged ich pite
1940   daz si mir des wazzeres scepphe,
            ob mir got uerlihit
            daz si mir des nieht uerzihet,
            sine heizze mich selben trinchen
```

1914 was geb. (*VPn*)] geborn was.   1923 *Pn schlägt vor*
Abr. chod *vor* 1921 *zu setzen* (*so* *P*² *im text*) *oder ganz zu*
streichen.   1925 *In*] *initiale fehlt.*

     iouch mine olbenten,
1945 diu scol mineme herren
     ze minnen iŏch ze êren".
     Bidaz er daz gebet nider lie,
     diu scone Rebecca zŭgie
     und manech maged ander
1950 dèr ire gelich was neheiniu.
     Er sprach ire zŭ
     „wande netrenchest du mich, urŏwa"?
     ime selben si scanchte,
     sin olbenten si ouch tranckte.
1955 got er gnadote
     daz er in so [42ᵇ]sciere erhorte.
     Er gab ir ze minnen
     zuene ôringe
     und zuene armpouge
1960 uz alrôteme golde
     und fragete si sâre
     wes tohter si ware.
     Si sprach Abraham
     ware ir uater oheim.
1965 si bat in ze hûs,
     sprah da ware uile hŏwes,
     da mahten geste
     haben gûte reste.
     Nieht si netvalte,
1970 ê si ir uater al gezalte.
     si begunde zeigen
     ire brŭder Laban
     bouge unde oringe
     die sie enphie uon deme iungelinge.
1975 er lîuf dar scîere,
     sprach wand er ze hûs neuŭre?
     Do er dare chom,
     do ward er wole inphangen.

    1950 ire] i *auf rasur.*   gelich (*P*ᵞ)] igelich.   K: der im
deheiniv so wol behaget. *vulg. 24, 16: puella decora nimis
virgoque pulcherrima.*

       uile wole si in handeloten,
1980   maniges si in uragoten
       nah allem niumâre,
       waz sin gewerf wâre.
       Er chot sin herre hête in dare gesant
       umb einen michelen ârant,
1985   sineme iuncherren vmb ein wib
       diu gůt ware und erlich,
       die sconen Rebeccam
       deme herren Ysaac ze betten.
       *S*inem [43ª]herren er lobete
1990   waz er rihtůmes habete,
       fihis und scatzes,
       manich ualtes nutzes,
       und wie wole ire gescahe,
       ob si in gname;
1995   ob si iz wolten tůn,
       daz si in des lîezzen spůn;
       ob si des newolten,
       daz si in niene tualten.
       *S*i sprachen daz si gotes willen
2000   niene wolten stillen:
       „hie ist unser tohter
       ân aller slahte laster.
       suîe scîere dir geualle,
       uar heim mit alle."
2005   Er wart uil urô
       solicher antwurte.
       silberine napphe,
       guldine chopphe,
       uile gůt gewate
2010   ze chemenaten er brahte.
       er gébete zêrist
       der iunchurôwen aller bezzeste,
       deme uater und dere můter
       iôch ir brůder.

2015 Gůt waren die gebe,
     wol geuiel sin rede.
     si sazen ze můse
     mit urolicheme gechose.
     da was spil unde wunne
2020 under wiben unde manne.
     uone benche ze benche
     hiez man alluteren win [43ᵇ]scenchen.
     si spilten unde trunchen,
     unz in iz der slâf binam.
2025 Also der tach chom,
     ûf was der Ysaachis man.
     des urloubes er bat.
     daz ime nieman negab,
     si baten daz er da ware
2030 zehen tage fristmale.
     daz duhte in ze lenge,
     er chot ze wiu si in scolten tuellen?
     er bat sich lazzen,
     daz is sinen herren ieht dorfte irdrizzen.
2035 Do si sînen ernist gesahen,
     die maged si frageten,
     obe si ime wolte uolgen
     zů eigenen seliden.
     si sprach gerne uůre,
2040 sua ire ieht gůtes gescâhe.
     Ze stete si ime se gaben
     mit sconen mageden.
     si gaben ir mite ir ammen,
     daz si der daneuerte deste min mahte erlangen.
2045 Ze rosse si giengen,
     mit amare si scieden.
     uater unde můter
     iŏch ire brůder
     si baten unseren trehtin
2050 daz si salich můsen sin
     ze tusent tusent [44ᵃ]iaren

2050 můse K.

und alle die uon ire chomen.
Isaac was uz gegangen
zů einem brunnen,
2055 daz er ouch sa*h*e
waz taten sine snitare.
Also iz zů deme abande seig,
sin man mit dere iunchurŏwen zů reit.
Der herre ire gegen gie,
2060 uil wole er si enphie,
er uie sie behende,
er gie mit ire spilende
uber daz scône uelt,
er leite sie in sin gezelt.
2065 Er unde Rebecca
giengen ze bette.
do wart [44ᵇ]ime daz selbe wib
also liep same sin eigen lîp.
si irgatzte in zeware
2070 der manigen sêre
und benam ime die chlage
die er tageliches hete ze siner můter grabe.
Do Abraham finf und sibenzich iŏch zehenzich
do můs er leisten die uart   [iare alt wart,
2075 die wir alle sculen leisten,
suîe alt wir werden.
der lip den ente genam,
diu sela̧ fůr ze gotes ewen.
die himil ẘnne manichualt
2080 die hat si da in gewalt.
Die got furhtent
[45ᵃ]und nah ime gerne wurchent,
riche oder arme,
die choment alle zů sinem barme.
2085 in sîn scôz er si setzet,

2052 *nach* chomen *raum für ein bild.*   2055 sahe] sabe.
2071/2 *P² teilt* 2072 *in zwei verse.   auch die hs. hat nach*
hete *einen teilungspunkt.* K: die er het ze siner můtir grabe.
nach grabe *raum für ein bild.*

alles leides ergetzet.
so wol den gebornen
der daz scol garnen
daz er chumet under die genozze
2090 dîe der sitzent in siner scozze!
die nemût hunger noh durst,
hitze noh urost,
die nehorent gebage,
die sehent einualte genade.
2095 da ist fride unde wunne,
alles spiles wunne.
si bittent umb uns gnote
daz uns got daz gebe ze mûte
daz wir ilen mit allem willen
2100 unsich ime gehuldigen;
ube wir dem libe des geuolgen,
daz wir ín erbalgen,
daz wir an den sunten nieht uolsten,
lazzen uns si sciere riuwen,
2105 sûchen sine genade,
die uinden wir sarie.
Des magen wir wol urô sin
daz so gût ist unser trehtin:
suîe [45ᵇ]wir tûn,
2110 welle wir iz pûzzen,
daz er uns gesetzet sûzze
in Abrahames scozze.
Isaac sin sun
was in michelen riuwen
2115 daz sin wib Rebecca
bern newolta.
mit lûterem mûte
er ze gote rûfte
daz er in anasahe
2120 und ime ein chint gabe.
Got in erhorte,

2095 wunne] minne *R*.   2096 wunne] chunne *Wa*.
2112 *nach* scozze *raum für ein bild.*

dere bete er in gewerte.
Rebecca wart suanger
und trůch zuene brůder.
2125 in der můter wambe
wa[46ª]ren si sa mit champhe:
ein ander si drungen,
die můter dwngen.
der eine was ruch und rot,
2130 der ander sleht unde gůt.
Do iz an die geburt chom,
den ruhen si ê guan.
den het der brůder geuangen
mit dere hant umbe die uersen,
2135 daz man da bi mahte wizzen
daz er in scolt under slieffen
uaterliches erbes,
geistliches liebes.
durch daz er in so under grůb,
2140 so ward er geheizzen Iacob.
Do si wahsen begunden,
ungeliche si geuiengen,
der altere wart iagire [46ᵇ]und accher man,
Iacob wonete in gezelten,
2145 ane got er alzane dahte,
sin můter in daz lerte.
Esau uůr ze holze
mit pogen iŏch mit polze,
mit netzen iŏch mit hunten
2150 uieng er hirze unde hinten.
er chund ouch fahen
reher dei uehen.
mit druhen iŏch mit stricche
besueich er die hasen uil dicche.
2155 er uie mit deme spiezze
die ebere razzen.
So er iz denne hine heim brahte,
mislicher můse er gedahte,

---

uile wole er iz phefferote,
2160 sinem uater er da mite enstote.
dannan ward er ime liebere
den ener der iungere;
unde scolt iz sin,
er hete in gerne gewihet uber in,
2165 daz er sin scalch ware
und suaz er chinde gebare.
Daz auer scol werden,
daz nemach nieman erwenten.
mannes geuverf nehilfet poruile,
2170 ube is got niene wile.
Iacob ne spulgete liste,
ane gote was er ueste.
ich weiz er [47ª]ime dienote
uil wunder*en* gnote.
2175 daz was ime bezzer
danne ub er iagen uûre.
Esau sin brûder
chom eines tages uil mûder,
do hete Iacob gemachot
2180 ein mûs uz linsen uile gût.
Esau bat ime sin geben,
sprach er ware uil nach bechliben.
Iacob sprach do
sinem brûder zû
2185 „wil du mir geben din erbereht,
so bin ich dir is uil gere*h*t.
[47ᵇ]Hunger iare chomen.
Ysaac unde sin wib mûsen iz rumen,
in Egypti lant si wolten.
2190 got sprach daz si dár nescolten,
er hiez si in Palestina
biten bezzere wila.
„nu gloub du iz mir,

2174 wunder*en* gnote] wunderot gnote.   2176 *nach* uûre
raum für ein bild.   2186 bin] *aus* bim *durch rasur.* gere*h*t]
gerebt, *dann raum für ein bild.*

ich pin allezane mit dir.
2195 daz ich dinem uater han geheizzen
daz wil ich dir und dinen chinden leisten.
din uater dienote mir,
des wil ich lonen dir.“
Isaac wart uil urô
2200 solicher geheizzo.
er bestûnt in Palesti[48ª]na
mit Abimelech deme chunige.
do uragoten in die lute,
wie sibe imo daz wib ware.
2205 er chot „si ist suester min,
ich ne mach ir nieht gesuichen“.
Der chunich gesach in allen gahen
wie Ysaac und Rebecca sament lagen,
spileten zesamene
2210 mit chonlicheme gamine.
er hiez in ime gewinnen,
er newolte in sa nieht fragen.
er chot ze wiu er iahe
daz sin wib sin suester ware?
2215 Isaac tet rede gnûge,
sprach er uorhte daz man in durch sîa erslûge.
der chunich sprach wislichen
er hâte getan tumplichen:
daz mahte lihte gescehen
2220 daz si ware uber legen
und die sunde̎ waren ual
uber allez daz lant.
Der chunich da bi dem liute chunte
bi ir selbere gesunte
2225 daz sich an daz wib nieman newante
ze neheiner slahte scante,
dem sin lip ware mare
daz er si mit alle uerbare.

2221 ual *auf rasur.* K: so waere der sunden ual /
chomen ubir ditzze lant al.   2225 neman.   2228 *nach*
uerbare *raum für ein bild.*

[48ᵇ]Do Ysaac er altote,
2230 daz gesune ime tunchlote.
do er iz so gare flos,
daz er niweht nechos,
er hiez sinen alteren sun
dar zů ime horen,
2235 er sprach „sun min,
du sihest daz ich ein alt man pin,
nu nim dinen pogen
der dich selten hat petrogen
und uar uz iagen,
2240 daz ich mich chunne gelaben.
wirde ich des wînes urô,
daz ich gewalte miner worte,
so wil ich dich wihen,
daz [49ª]dir elliu diniu dinch iemmer wole
2245 Er giench uon ime uile balde   [dihen.“
mit sineme geziuge ze walde.
Diu můter gehorte
wie er mit ime redite.
si sagite ire sune Iacob
2250 waz sin uater sinem brůdere gebot.
si hiez in louffen,
zuei chitzi bestrouffen,
mit michelem flizze
machen sinem uater einen imbiz,
2255 daz der segen uber ín ergienge,
ê sin brůder chome.
Iacob sprach do
siner lieben můter zů
„nu weist du wole, můter,
2260 daz ruch ist min brůder,
ich pin sleht unde linde.
ich furhte, ub iz min uater eruinde,
daz er mich uerulůche
und min mêre ze sune inrůche.“

2244 *von P² in zwei verse geteilt. auch die hs. hat nach*
dinch *punkt.*

2265 Si sprach „der ulûch stê ane mir.
 tů du daz ieh sage dir“.
 Dei chitze er brahte,
 uile wole si siu garte.
 den hals si ime mit einem uelle bewant
2270 iôch iewedere hant.
 Sines brůder gewate
 daz si gehalten [49ᵇ]hête
 daz heiz si in ane lecken
 unde heiz in sich allen dechen,
2275 daz er iener bar wâre,
 ube iz ze diu gescahe
 daz er in begriffe,
 daz si in so uerliste.
 Iacob nam daz ezzen unde brôt,
2280 da zů win uile gůt,
 er sprach „lieber uater min,
 hie ist Esau der sun din.
 ich han getan so du gebute,
 nu hore du mine bete:
2285 du scolt sitzen,
 mines iagides ezzen,
 und scolt du mich wihen,
 dine sâlde mir uerlihen,
 geweltich tůn dines erbes,
2290 ê [50ᵃ]du ersterbest.“
 Isaac sprach do
 sineme sune Iacobe zů
 „wie mahtest du in allen gahen
 ieht wil des geuahen?“
2295 er sprach „uater min der gůte,
 du maht wol wizzen deiz got wolte
 daz mir so scîere chom,
 des dich gezam“.
 Er chot „her zů mir neige dich,
2300 daz ich begriffe dich,

 2278 *nach* uerliste *raum für ein bild.* 2286 mines]
menes.

ob du Esau sist
oder du mich trugist".
Forhtente gieng er dare.
er begreif in uil geware,
2305 hals und heute.
Iacob stûnt bibente.
er chot „Iacobes ist diu stime,
Esau sint die hente".
er zuîuelote dannoch,
2310 er fragote in ouch,
daz er ime sagete zeware,
ub er Esau ware.
Iacob sprach „ich pin".
uile wole geloupte er iz do ime.
2315 er bat ín daz er in gelabite
mit diu und er da habite.
daz ezzen was gût,
uile wole gephefferot.
Do er is gaz gnûch,
2320 do trûg er ime den win zû.
er bat in ezzen unde trinchen,
unz er [50ᵇ]in nach gemachote trunchen.
Ysaac wart uil urô,
er sprach Iacobe zû
2325 „nu, trût chint min,
chusse mich an den mûnt min".
Also er in chuste,
uile sûzze in anstanch daz geruste.
mit deme herzen er ze gote sach,
2330 uil in nechliche er sprach
„Got dich gesegene
in aller diner gehebide.
hinnen uure mere
wis aller diner chunnescefte herre,
2335 si pîugen sich sûzze
zû dinen uûzzen.
der himel si dir gnadich,
diu erde si dir parich.
zala du newizzest

5*

2340 waz du uihis gewinnest.
    dine chornstadalæ
    gen allenthalben ubere.
    chellare dine
    uliezzen uon ole iŏch uone wine.
2345 neheines gûtes du ne mangel
    churze noh lange.
    dine uiande
    chomen in dine hende.
    die mûzzes du uber winten
2350 ane aller slahte scante.
    gote mûzzes du liep sin,
    der gerûche dich ouch bescirmen."
    Do er in [51ᵃ]uol wihte
    und er ime erloupte,
2355 der win hête in pigen,
    do wolt er rûwen.
    unlange er lach,
    unz ime Esau zŭ sprach
    „Stant ûf, uater min,
2360 du scolt inbizzen!
    du gelabe dich mines iagides,
    daz du mich wihest
    unde min leben gestatest,
    ê du ersterbest!"
2365 **Y**saac erchom so harte,
    daz er negewielt siner worte.
    uil michel wunter in genam,
    wie daz scolte sin getan.
    er chot „wer ist da, weri got?
2370 du hast mich unsanfte irwecchot."
    Esau [51ᵇ]sprach do
    sinem uater lindere zŭ
    „hie ist Esau,
    din erist porner sun.

2355 pigen] *P² bessert (sicher nicht mit Recht)* pidwungen.
K: der win begunde im den slaf fŭgen.   2358 *nach* sprach
raum für ein bild.   2374 din] den.

2375 ich wolte daz du gesazzest
und mines iagides gazzist
und mich gewihtest,
also du mir gehiezzest."
Der uater sprach do
2380 uil riuwechlichen
„herre, wer was der
der her chom uor dir
und mir brahte uile gût ezzen
iöch win den aller bezzisten?
2385 Also ich mich gelabete,
leider nieht langer ich mich inthabete,
ze stete ich in wihte
ze saligime libe.
selb ist er geheiligot:
2390 suaz er geseginot daz ist gewihot,
suaz er uerulûchet
daz ne wirt uone gote niemmer berûchet."
Also daz Esau gehorte,
do erscrei er uil lute
2395 „gote weiz, uater min,
du scolt ouch mich wihen".
Ysaac sprach do
uil amerlichen
„hie was gewisse
2400 din brûder mit siner mûter liste
unde hat mit untriuwen
dinen segen un[52ª]terdrungen".
Esau sprach do
er ware Iacob geheizen rehto:
2405 „er unterslôf mich ê mines erbes,
same hat er nu getan mines seginas.
hast du auer noch ieht gehalten
des ich scule walten?"
Isaac sprach er hête in ime gewihet ze herren,
2410 er ne mahte daz wider tûn mere.
er chot, der ime gûtes pâte

2377 mich] mieh.   2394 lute] liute.

daz der salich ware;
suer ime flůchete
daz der wider gote tate.
2415 „ich gab ime weizzes ubergnuht,
oles und wines uberfluz.
neheine salde han ich uzgenomen.
waz mag ich dar ubere zů dir choden?“
Esau weinote,
2420 er bat sinen uater uile gnote
daz er ettewie des gedahte
daz er in gesaligote.
*D*en uater amerote
daz er in so gare uerteilet hête,
2425 siner chlage smerze
stach ín án daz herze.
er sprach „an der erde ueizte
sî din segen aller meiste,
uon deme himeltŏwe
2430 [52ᵇ]chome dir allere wŏchere urŏde.
dines suertes můst du lében,
dinem brůder scolt du dienen.
aua wirt daz noch
daz du abe dinem halse gescutest sin ioch.“
2435 *E*sau sprach do
mit zornigem mute
„scol ich den tach geleben
daz ich dich langere nemůz haben,
so wil ich mich denne
2440 rechen ane Iacobe.“
*D*o diu můter daz gehorte,
Iacoben si eskote.
si sagete ime Esaus drô,
si wrden beidiu uil unurŏ.
2445 *S*i sprach „min sun gůter,
uolge diner můter,
ne wis hie wile neheine,
uar zů dinem oheime.

2423 *D*en] *initiale fehlt.*

     wis etteliche wile da,
2450 unze dines brûder zorn gestille.
     bi daz du wider chumest ze lante,
     so ist sines heizmûtes ente,
     so riuwet in daz er dich uertreib
     unde netût dir mere nehein leit.
2455 mir ist liebere daz ich ersterbe
     den ich mich iuwer beider darbc."
     [53ª]Do bat Rebecca
     Ysaac, da er lag an sinem bette,
     daz er ne dulte
2460 daz Iacob uz deme chunne gehite.
     Er hiez in ime gewinnen
     und gebot iŏch bat in mit minnen
     daz er niene gehîte
     zŭ deheinem ungeslahten wibe.
2465 „uar zŭ diner mûter brûder,
     der gît dir sine tohter.
     Got gerûche dic*h* geseginen
     und lazza dich so gemeginen,
     daz du mit liutes chrefte
2470 chomest zŭ dinem erbe rehte.
     nu wis gesunde,
     got sente [53ᵇ]dich gesunt ze lande."
     Do er daz urloup gewan
     und er underwegen chom,
2475 da gesah er eine scone stât,
     da uile steine lag.
     einen er under daz houbet legite,
     uil skiere er intsuebete.
     do sah er eine leiteren
2480 fon der erde in den himel gen
     und sah ûf und nider stigen
     engele die sconen
     und sah unseren trehtin
     dar obene sich dar ane leinen.

2485 er sprach ime zů
uile wunteren sůzze
„Ich pin got Abrahames
iŏch dines uater Ysaaches.
[54ᵃ]die erde, da du slaffest,
2490 warlichen du die besizzest,
und ube du mir iz gelŏbest,
also uil so der ist des stŏbes
sam uil chumet samen
uone dineme lichename.
2495 Du wirdest gebreitet
osteret und westeret,
nordane und sundana
wirt iz uol diner chinde,
und ich dich pehote
2500 in aller diner note.
also ich dir han geheizzen,
so wil ich dir leisten.“
Do Iacob erwachote,
er bedâhte iz in sinem mûte,
2505 er sprach „warlîchen ist got hîe,
leider daz ich iz newisse“
und sprach bi deme worte
da ware des himiles porte.
[54ᵇ]Do diu sunne erskein,
2510 do nam er den selben stein.
ich weiz er in ûf rihte,
zů einem altare er in wihte,
mit ole er in begoz,
deiz dar aba uloz.
2515 Sinen antheiz er da tete
mit innerem gebete.
er sprach „ube mich got behůtet
in dirre uerte
und mir gît lîpnare

2496 osteret] *aus* osterett *durch rasur.*   2508 *nach*
porte *raum für ein bild.*   2510 selben] selbem.   2517 got]
gote.

2520 iŏch wate ware
 und ub er mich heim bringet,
 daz mir niene wirret,
 so si diser stein
 urchunde under uns zuein
2525 daz ich got einen
 mit allem mŭte wil meinen
 und ime minen zehenten gibe
 minere wŭchere und miner uihe".
 [55ᵃ]Do er in daz lant chom,
2530 da der was sîn oheim,
 do chom er zŭ einim brunnen,
 da die hirte mit deme fihe zŭ drungen.
 der brunne was gemeine
 bedecket mit eineme steine.
2535 er uragote si ube si erchanten einen man,
 hiezze Laban.
 si sprachen daz er wole mahte;
 si dûhte er ware ŏch siner slahte.
 *B*idaz man die rede nider lie,
2540 sines ôheimes tohter Rachel zŭgîe
 mit micheleme quortere,
 want si hŭttere.
 *A*lso si zŭ ime chom,
 abe wielz er den stein
2545 und tranchte daz uihe
 daz si dare hête getriben.
 *D*o er si gesach so scône,
 do wart ime uil liebe.
 si dwngen sich ze den brusten,
2550 ich weiz er si uil minnechliche chuste.
 er begunde weinun,
 sprach er ware ire basun sun.
 *I*re uater si iz sagete,
 uil sciere er ime gagente.

2528 *nach* uihe *raum für ein bild.*   2531 einim]
enim.   2535/6 *H und P² setzen versgrenze nach* erchanten.
2539 Bidaz] *initiale fehlt.*   2553 Ire] *initiale fehlt.*

2555 er halst in und chuste,
     ze hus er in wî[55ᵇ]ste;
     er hebenote in zeware
     baz den ub er sin sun ware.
     er uragete in da bi
2560 waʒ sin geuerte scolte sin.
     Do er im iz al gezalte,
     do bat er sin got walten.
     Do er ime in dem manode
     uile wole gedienote,
2565 Laban sprach zů Iacob
     „min neue, weri got,
     dune scolt nieht ingelten
     deich dir gůtes pin sculdech.
     ub du mir wellest dienon,
2570 so sage wîe ich dir scule lonen?"
     Laban hête zuů tohter.
     diu eine was ane laster.
     Rachel die sconen
     die *b*at er ime geben ze lone,
2575 ub er ime siben iar gedienote
     wole nach sineme gemůte.
     Laban sprach do
     „gedienest du mir al so,
     so gibe ich dir sîe gerne".
2580 *E*r dienote ime elliu
     dei siben iâr *v*olliu.
     uor *d*er minne
     neduhte iz in sa porlenge
     die er zů der magide hê[56ᵃ]te

2560 waʒ] was.   2570 *nach* lonen *absatz.*   2571 *initiale*
L *zwei zeilen hoch.*   2574 bat] hat.   2577/9 *dreireim?* H
faßt 2577 *und* 2578 *als éinen vers; die hs. hat nach* do, also,
gerne *punkte;* K *gestaltet zu zwei reimpaaren um:* Laban
sprach stille / gedienest du mir nach minem willen / ich gip
dir uil gerne / des du niht wil enberne.   2580 *E*r] *initiale*
fehlt.   2581 volliu] wolliu.   2582 der] dir.

2585 umbe die er dienote.
      Do daz zît uerentôte,
      sin wib er eiscote.
      Der oheim sine uriunt zesamene ladete,
      grozze wirtscaft er habete.
2590 die brûtloufte waren gût,
      des uroute sich Iacob.
      Als er an daz bette chom,
      do leite dare sin ôheim
      der man listiger
2595 sine alteren tohter.
      eine diu er ire gáb
      diu der chemenaten phlag.
      Iacob und Lia
      heten ire minne
2600 die naht lange
      mit chonelicher wunne.
      als er si anderes tages gesach,
      do was iz ime ungemach.
      er sprach daz er umbe Rachel dienote,
2605 ze wiu er in betrogen hête?
      Laban sprach daz da nieht site ware
      daz man die iungeren ê gabe.
      „nu bite dise wochen,
      unz ich mich darzů mege gerechinen.
2610 suenne dirre brûtloufte zît
      allerest fure wirdit,
      so gib ich dir si sâre
      ze lone anderre siben iâre
      dei du mir [56ᵇ]dienest,
2615 ube du so wellest.“
      Iacob gelobete daz,
      chot er ne bate sin baz.
      Also daz tagedinch geuiel,
      do gab er ime Rachel.
2620 si ward ime michel libere
      denne eniu diu altere.

2594 *der*] dare.   2617 *nach* baz *absatz.*

Got daz newolte
noh porlange nedulte:
er hiez Liam werden suanger,
2625 unbâre bestûnt diu ander.
Do si daz chint gewan,
do hiez si in Ruben.
si sprach got hête
gesehen zů ir deumote.
2630 si wolt ouch gedingen
daz si ir man scolte minnen.
Da nah wart si auer suanger
und gewan einen sun ander.
si sprach daz got wol sahe
2635 daz man si wolte uersmahen,
er gâbe ir dar umbe den sun.
den namete si Symeon.
Den dritten si gewan,
chot si newolte sa do nieht zuiuelen
2640 er neware ir einere man,
wande si ime drî sune [57ᵃ]hête gewunnen.
sa da bi
namote si in Leui.
Do si den uierden guan,
2645 den hiez si Iudam.
si sprach daz si sin got wolde loben,
daz er in ire gerůhte geben.
si duhte sich gnůch here,
si ne gebar nieht mere.
2650 Do Rachel gesach
daz si umbare was,
ire suester si irbunde
unde sprach zů ire manne
„Newil du mir nieht chinde geben,
2655 so newil ich nieht langere leben“.
Er antwurte ire in zorn,
sprach diu rede ware gare ulorn,
fragete si ub er got ware,

2649 *nach* mere *absatz, zwei zeilen freigelassen.*

daz er ire geburt name?

2660 Si chot „nu wêre mich
des ich bite dich:
ich han eine diu,
die lege ich uber miniu chniu.
die scolt du chonelichen bechennen,

2665 daz ich doch uon ire chint mege gewinnen.“
Er [57ᵇ]werte si dere bete,
uil skiere er einen sun an ire tete.
Rachel wart uil urô
und wart daz doch undurfto,

2670 wand den sun den si gewan
den hiez si Dan.
uon deme scol der Antechrist werdan;
wand er uon nîde chom,
sone scolt er nieht salich werden.

2675 Ze ware sage ich iz iu:
einen anderen sun gebar diu selbe diu.
des uroute sich diu urŏwe sin
und namet in Neptalim.
Do ire suester Lia uerstûnt

2680 daz si mere niene chindote,
zů Iacobes pette si leite
ire diu uil gemeite.
dâr an worhte Iacob
einen sun den hiez diu urŏwe Gad.

2685 si gebar einen sun auer,
den hiez si Aser.
Der Lien sun Ruben
der was zů den snitâren gangen.
erdepphile er uant,

2690 die nam er in sine hant.
er gab si siner mûter,

2670/2 *bzw.* 2672/4 (*R*) *dreireim? oder ist mit H* 2673/4
als éin *vers zu fassen? den dadurch entstehenden rührenden*
reim *werden* hat auch K *trotz sonstiger änderung:* uon dem
sol der Antichrist / als an den bûchen geschriben ist / her
geborn werden / dauon moht er nih saelich werden.

         sumeliche âz er.
         [58ª]Liam pat Rachel
         si gâbe ire der epphile teil.
2695 Lia sprach in zorn
         diu bete ware gare ulorn
         „newil du fur nieht haben
         daz du mir minen man hast benomen,
         dar uber gelanget dich
2700 mines obezzes erlich?"
         Rachel sprach do
         ir suester Lien zů
         „hineht lâze ich in slâffen bi dir,
         ub du des obezes gist mir".
2705 Do Rachel die miete inphie,
         Lia ingagen Iacob gie;
         si sprach er mûse die naht
         mit ir sin unz [58ᵇ]an den tach,
         si hete umb in gegeben
2710 des si des tages scolte leben,
         erdepphile die sûzzen,
         sine wolte ir si nieht sus lazzen.
         Do er mit ire gespilite,
         des spiles des si gespilite,
2715 Lia wart suanger
         des gûten Ysachar.
         Danach gewan si den sehsten,
         den hiez si Zabulon.
         Du ne gewan si nieht mere.
2720 si gebar auer eine tohter,
         die sconen Dinam.
         da bî gestilte si chinden.
         Rachel gote ane lach,
         unz er ire ein sun gab,
2725 den gûten Ioseph,
         dem er michele sâlde uerlech.

      2692 *nach* er *raum für ein bild.*   2693 Liam] *initiale*
fehlt.   2722 *nach* chinden *absatz; die folgende initiale zwei*
zeilen hoch.

er wart uile scone,
so er chuninge ze sune zame.
Iacob pat sinen oheim
2730 er erloupte ime heim
mit wiben iôch mit chinden
die er da hete gewunnen;
er hete ime lange gedienot,
er wesse wole wie er ime hête gelonot.
2735 Laban sprach do
[59ᵃ]sinem eidime zů
„ich han wole besůchet
daz din got růchet,
und han wole eruvnten
2740 daz uon den stunten,
unt du zů mir chome
und mines dinges phlage,
daz got durch dich
mir was gnadich,
2745 wand mir allez daz wole dech
des er mir uerlech.
selbe du nu scaffe
waz ich dir tů ze gemache."
Iacob sprach daz er newolte
2750 noch scaffen nescolte,
ime ware wole chunt
er hête ime uerdienot den gesunt,
er mohte selbe wole wizzen
waz er sin hete gnozzen;
2755 er wâre ein arm man,
do er zů ime chom,
fur daz er sines dinges phlage,
daz ime dar ane nehein ungemach gescâhe.
sin ware ouch michel zit,
2760 daz er und siniu wîb
und siniu chint
bedahten ir selbere dinch
unt doch suîe bedaz ware,
er dienote ime dannoch mêre,
2765 unz er selbe besahe

waz [59^b]er uihes hête,
unt ub er wolte sunderen
suaz er funte dar unter
ualewere oder uehere,
2770 er negerete lones mêre,
geizze oder scaffe,
ub es in ze uile duhte,
sprach, swaz ime got gâbe,
be daz er uon ime sciede,
2775 ub er in des gewêrite
daz er mêre uon ime negêrete;
suaz er da zime diuvene vunte,
er wolte des haben scaden und scante.
*L*aban do sprach
2780 ime ware diu rede lieb und gemach.
ze stete er daz uihe skîet,
als ime der eidem gerîet:
*D*ei der waren einer uarewe
die nam er im begarewe;
2785 dei misse uare waren
Iacobe dei gescahen.
Laban hete ubelen list:
er sunterote drîer tage urist
al sin quorter,
2790 Iacob hûter,
uon den Iacobes uehan,
daz si ein ander niene mahten gesehen.
daz têt er umbe daz
daz Iacobe newurde deheinez.
2795 *I*a[60^a]cob dara widere dahte,
da er in mite nah ze laide brahte.
er nam alberina staba,
sneid in die rinte îewa abe,
lîe dar ane suarze ulecche,
2800 ettewa wizze plekchen,
sumeliche er ouch niene scinte,
trûch si mit ime ze abende,

---

da er daz uihe tranchte,
in den nûsk er si leinte.
2805 So diu ôw denne tranch
unde der ram ûf sî spranch,
der durst si duanch,
daz si stûnt, tranch.
sues si da wart berenthaft,
2810 so si ane sach den uehen stab,
daz wart mislichen uare,
daz nam Iacob gare.
dei eine uarewe gehabeten,
Labane dei gescahen.
2815 Do Iacob gewan
michelen rihtûm,
sines oheimes sûne
rediton ubele uon ime,
sprachen er hête si ze leide braht,
2820 hête in benomen geizze unde scâf.
Iacob wart sin innen,
got hiez in entrinnen.
er sprach zû sinen chinden
iouch zû sinen wi[60ᵇ]ben
2825 er newolte da nieht langer biliben,
in duhte an ir uater gebâre
daz er ime nieht holt wâre;
er hête in ofte betrogen,
sin lôn zehenstûnt ime benomen.
2830 „Suenne er gerîet ze diu
daz er mir gab wîzziu oder suarziu,
so wart diu meiste menige
der selben uarewe;
so gerou in daz,
2835 sprach er gunde mir der uehen baz,
so gewnnen si alle
sprekchelohte wolle.
Daz was gotes wille,
daz sagete er mir stille

2840 des nahtes in mineme trŏme,
    hiez mich sin nemen goume
    wie er ime lonete
    des er mir ze untriuwen tâte,
    hiez mich nemen wib unde barn,
2845 mit allem mineme dinge heim uaren."
    Rachel und Lia
    sprachen beide,
    sine wielten niwehtes
    ire uater gûtes;
2850 erbes unde scatzes
    und aller slahte nutzes
    hête er si bestozzen,
    hête si uerchoufet,
    [61ª]gare in den munt gesloufet.
2855 „Du bist unser herre,
    wir uolgen dir gerne.
    du scolt unser phlegen,
    din sculen wir genesen."
    Er uazzote sine olbenten
2860 mit sinen guanten,
    ûf sŏme sazte er wîb und chint
    und fûr den sinen sint.
    scalchen und diuwen
    peualech er daz uihe ze triuwen,
2865 daz si iz sanfte triben,
    daz dei parigen ieht pechliben.
    Do was der oheim geuaren
    siniu scâf sceren.
    Rachel sin tohter
2870 stal ime siniu abgoter.
    Iacob sinen oheim uersuigete
    daz er uon íme ílte.
    Do der bote chuam
    hine zŭ sineme sueher Laban

    2852 *waise.* D^1 *gen. anm. zu 60, 24 schlägt ergänzung*
nach K *vor*: gemachet uil blozze.   2858 *nach* genesen
absatz.

2875 an deme dritten tage,
       do hête er sin michele chlage.
       er ilte ime nah alle
       siben tage uolle.
       Do er in eruûr an den bergen,
2880 da wolten si zewerfen.
       [61ᵇ]da waren si mit ubile zesamene chomen,
       nehete iz in diu naht benomen.
       Do der sueher intslief,
       ich weiz in got ane rief,
2885 uerbôt ime uile naste
       daz er sich ane Iacob ze arge niene hafte.
       Anderes tages urŷ
       sprach er sînem eidime zû,
       ze wiu er ime intrunne
2890 oder umbe waz er ime erbunde,
       daz er siniu chint und ire barn
       ê ne mûse gerûzzen,
       ê si uon ime skieden;
       er ne wisse ube si in iemmer gesahen.
2895 Do ime aue daz niene geuiele,
       umbe waz er ime aue uerstale
       sine hûs gote
       die do mannechlich hête in site?
       Iacob antwurt ime do
2900 durnahtere worto
       „Deich ze dir urloub nenam,
       do ich wolte heim uaren,
       daz liez ich durch miniu wib
       dei mir sint also der lîp,
2905 ich uorhte du names si mir.
       ubele getruwe ich dir,
       uon [62ᵃ]diu daz du mich dikche
       ê des ungetriulichen besuiche."
       Do sprach aue Iacob,

2883 *Do]* initiale fehlt.   2894 *von MV nach* in *in zwei*
verse geteilt, also dreireim skieden / in / gesahen.   2904 lîp]
lîep.   2908 *nach* besuiche *raum für ein bild.*

2910 als ime iz got gebôt
      „ich dienote dir mit flizze,
      ich neweiz waz du mir wizzest.
      daz du mich zihest diuue
      daz [62ᵇ]gist du mir ze lone.
2915 sua du si nu hie uindest,
      selbe du dir rihtest.“
      In sin gezelt er gie,
      nieht unersûhtes er da lie.
      do er da niene uant,
2920 do gieng er in siner tohter umbehanch.
      si parch sie under daz strô
      unde saz dâr ubere uile unurô.
      [63ᵃ]si quot daz si nemohte ûf gestên,
      ir ware diu suht gescehen.
2925 siu bat daz er ir iz newizze.
      er hiez si sizzen.
      er irsturte al ire gewant,
      zelezzist er nieht da uant.
      Iacobe wart uile zorn,
2930 sprach er hête in paz uerboren,
      hiez in uure ziehen
      sues er wolte zihen.
      „Du warc“, sprach er, „ein arm man,
      do ich zů dir chom.
2935 zuenzich iâr ich dir dienote
      uile wunteren gnote.
      din uihe wole wŏcherote,
      unz ich sin hŏte.
      got daz wole weiz
2940 daz ich dines rammes nie inbeiz.
      Suaz mir wolf oder dîep genam
      des woltesdu uone mir gelt haben.
      des tages brante mich diu hizze,
      unter dache ich niener suizte.
2945 Zehenstûnt du mich betruge,
      min lon hinter dich zuge.

2916 *nach* rihtest *raum für ein bild.*   2933 *D*u] Nu.

nehete iz got undertan,
du hetest mich nakchet uon dir lazen gegan."
Zi leste si sich sûnten,
2950 mit guote si schie[63ᵇ]den.
do beualch der sueher
Iacobe beda sine tohter
ze triuwen unte ze gnadun
mit allen ire chinden.
2955 Des brotes si sament prachen,
einen urido under in sprachen,
daz si ein andere holt wâren,
alles ubeles ein andere uerbaren.
Ein ander si chusten
2960 unde schieden sich mit lusten.
der oheim
zoch wider heim.
Iacob zoch ze lante,
got in bemunte.
2965 Michel angest in nam,
do er sineme oheime intran,
wie in sin brûder inphienge,
so er heime chome,
den er hête harte gelaidigot,
2970 do er uber in wart gewihot.
Zileste er inbôt
sinem brûder alle sine not,
in welihemo leide er wâre
mit sinem oheime zueinzich iâre;
2975 bát ín daz er durch sine gûte
ime gnadote,
daz er ime und sineme gesinde
inlentis gunde;
er hete diuwa unde scalche,
2980 scâf unde chû [64ᵃ]melche,
darzû esile
umbâre iŏch fesile;
ub er sine hulde hête,

2948 gegan] gegangen.

daz in sin gnůch duhte.

2985 Vvole inphieng er die boten,
gab in gnůch gebraten iǒch gesoten,
er tet in luste uile
mit wine iǒch mit spile.
er irloupte in minneklichen,

2990 hiez si widere zů sinem brůdere strichen.
er chom ime sciere
und inphieng in mit ziere.
Do ime die boten gesageten
welihen geziug er habete,

2995 daz er mit uier hundert mannen
ingagen ime wolte rîten,
Iacob ime daz eruorhte.
sin liut und daz uihe er in zuei teilte,
ub Esau der alte zorn dar zů trůge

3000 daz er die einen scare erslůge,
daz diu andere gnare,
so si ze gesihte newâre.
Do hůb er ûf die hende,
was ze gote digente,

3005 er sprach „du got miner uorderone,
du mich uzzer note name
und mich hiez he[64ᵇ]im uaren
miniu wib und ire barn,
du bedenche mine wenikheit,

3010 la dir min grůz sin leit,
irlôse mich uon minem brůder,
ich ne gere alles mere,
daz in ne duuinge dehein nit
daz er mir erslahe chint oder wib".

3015 Die herberge er fie,
unter sin uihe er gie.
er gestalte ze chreizze
zuei hundert geizze,
pokche zehenzik

2995 uiêr.   3014 *nach* wib *absatz, zwei zeilen leer,
große initiale zu* 3015.

3020 an denselben rinch,
       scâffe zueihundert,
       remme zuire zehenstûnt,
       unter iungen unt alten
       drizzich olbenten,
3025 uierzich chû,
       zueinzich farre dar zuo,
       zueinzich esilinne,
       zehen iungide;
       zû iegelichem uihe
3030 einen hirte der iz tribe.
       Er beualech sinen mannen
       die wol redinen chunden,
       ub in sin brûder gagente
       unde si uragete [65ª]wer si waren
3035 oder weme dei scolten
       den si uolgeten,
       daz si denne sprachen
       uile gezogenlichen
       «**D**in scalch Iacob
3040 sante dir dise gebe gût,
       er chumet selbe
       zû dinere gewelte».
       waz ube ime got gebiutet
       daz er mich arges uermidet!"
3045 **A**nderes tages morgen
       hête Iacob michele sorgen.
       ich weiz er des gedahte
       daz er liut unde uihe uber [65ᵇ]daz wazzer
       *E*ine bestûnt er enehalp,   [brahte.
3050 ane lief in ein engel balt.
       uil lange er mit ime rang,
       daz er in nieht uber want.
       er duang ime die huf,
       daz march suizte dar uz.
3055 same in ime er dorrete

3044 *nach* uermidet *raum für ein bild.*   3049 *E*ine]
Sine.

suaz er gelustes hête.
dannoch habete er den engel so uaste,
daz er sich uon ime nieht erlôsen mahte.
Der engel sprach „la mich!“
3060 Iacob chot „des ne beginne ich,
dune wellest mich segenen
mit allen minen gehebeden“.
Der engel in uragote
waz namen er hête.
3065 er chot in duhte gnûch
daz er hiezze Iacob.
Der engel sprach do
mit urolichem mûte
„den namen scolt du lazzen,
3070 Israhel scolt du heizzen,
want du maht wole iehen
daz du got habest gesehen
mit dinem ougen an daz [66ᵃ]sin.
des maht du dich menden.“
3075 Iacob uragote in wer er ware.
er hiez in daz er urage uerbare.
Ze stete er in wihte
ze saligeme lîbe.
diu sunne was in scine,
3080 ze himele fûr er uon ime.
Also Iacob daz gesach,
uil urolichen er sprach
„ich sach minen herren
mit minen ougen peden,
3085 des ist min sele
genern in ewe“.
After des er iemmer hanch,
fur daz er mit deme engele geranch.
die adare sich zesamine chrumphen,
3090 danen begunde er limphin.
Durch daz spulgent die iuden noh,
so si slahent scâf oder poch

3077 Ze] *initiale fehlt.*

oder feztiu rinder,
daz si dar ubere sezzent ire chinder
3095 mit hegininen hâckun,
daz si die âder ûzchracen,
bi daz si uz fol ziehent,
daz fleisk so ze zanikunt,
sam iz die gîri
3100 zebrochen [66ᵇ]haben mit nide.
Do Iacob die sine erfŏr,
do sah êr zuoriten sinen brûder.
die diuwe unt ire barn
hiez er ze forderest uarn.
3105 Liam unt ire chint
stalt er an den anderen rinch.
Rachel unt Ioseph
die waren ime uile lieb,
die stalt er an die dritten scare
3110 unt gieng er da fure.
Er tete siben uenie,
ê er sineme brûdere chome ingegine.
[67ᵃ]Sin brûder in ane lief,
er was ime uil lieb,
3115 er begunde ime erbarmen.
er duang in an sich mit den armen,
er chust in minnichliche,
er weinot amerliche,
er bat ime sagen ze mare,
3120 wer dei wîb iouch die chint waren.
Iacob sprach dŏ
uil diemŏtichlichen
„Iz sint wib unt chint min,
ich nemag in gisuichen“.
3125 Si buten sich elliu sŏzze
Esau ze fŏzzen.
Er bat si stên,
bat in got lazzen wole gescehen

---

unte sprach „wer sint aue die menige
3130 die mir chomen ingegine?“
Iacob sprach dů
etwaz frolichere
„dei sant ich dir,
daz tu gnadich warest mir“.
3135 Esau sprach „ich han uile,
des dines ich nieht wil“.
Iacob pat in gnote
daz er des nieht tate,
daz er 'in sone lêidigête,
3140 daz er sine gebe firwiderete.
sprach er sich zime nieht wole fersahe,
ub er sine minne nenâme;
ub er auer ire rŏhte,
daz er sich [67ᵇ]des iemer frŏte
3145 unte wolt des iehen
daz er den gotes engel an ime hete gesehen.
Dŏ er in uil chûm uber want
daz er sich dere gebe unter want,
Esau wolt in bileiten
3150 mit sinen heliden gemêiten,
er wolt in mit eren
hine heim fŏren.
Iacob sprach dŏ
sinem brůder zů
3155 „ich han ınŏdiu wib unte chint,
tragentiu scâf iŏch rint.
dei nemegen uns geuolgen
so gahes zi den seliden.
gemŏ ich siu ieht uber ire maht,
3160 sine lebent nîeht uber naht.
Var du heim, herre,
ich chume skîere.“
Esau sprach dŏ
sinem brůder zů
3165 „nu nim auer miner manne

3159 ieht] Nięht (*irrtum des miniators*).   3162 skiêre.

so uile dir geualle
die dir dienen same mir,
unze du chomest ze Seyr".
Iacob sprach des nehein durft ware,
3170 et ime diu gnade gescahe
daz er hête sine hulde,
ime ware daz aller gnaden ubergulde.
[68ᵃ]Mit minnen si sich sciden
noh niemer after diu sament gebiegen.
3175 Esau fŏr an sin gŭt,
Iacob irbeizte ze Só chôt.
Dŏ was da bi ein rîch mân,
Emmor geheizzen.
des sun hiez Sichem.
3180 der hete ein chastel wol getan,
daz weiz ich er nah ime nante,
daz man in deste baz irchante.
uon deme chŏfte Iacob
einen accher gŭt.
3185 [68ᵇ]Iacobes tohter Dina
tet sam diu getelose henne
diu in dorf get lekcen
dei si spate scol ernecchin,
giench after gŏwe
3190 dei lant wib scowen.
Si was uile lussam.
do gesach sie Sichem.
ich weiz so michel geluste
ime chomen unter sine bruste,
3195 daz er fore minnen
aller begunde prinnen.
Diu liebe in genote,
daz er sie inzuchte,
den magtŏm er ire nam;
3200 des in kalt uile manich man.
si ward ime lieber den der lip,
er wante si ware iemer sin wib.

Ich weiz er naht unte tach
sineme uater ane lach
3205 daz er ime die selben diernen
bewrf ze gemahelen.
Iacob suichte,
siner sune beitte.
Emmor dare chom,
3210 begunde der tohter bitten.
innen diu chomen die sune,
do ne wart diu bete frume.
als siz fernamen,
uil unfrŏ si wurten
3215 daz si [69ᵃ]so waren firsmahet,
an ire suester gehŏnit.
Emmor sprach zin
„nu fernemet minen sin:
iur suester ist mineme sune lieb;
3220 nune skeidet si uon ime nieht,
gebet ime si ze chŏnen,
lat si iemer sament wonen!
wir geben ire scâz unte uihe,
eigines unte liutes uile,
3225 aller erêne gnouch.
nemet daz, weri got!
Al daz wir eigin daz si gemeine,
weret uns disses eine!“
Sychem der gesuîo
3230 der bat sie,
si liezzen in ire hulde haben,
daz er in mŏse geben
al daz si wolten,
daz si die hirat dulten.
3235 Si sprachen daz nemahten si getŏn
mit deheinen ire erên,
daz si decheim unbesnitenen mânne

3227 *bei* R *und* P² (*gemäß versteilung von* W) *zwei verse,
die mit* 3228 *dreireim bilden*: eigin / gemeine / eine. K *läßt*
3227/8 *aus.*

gaben ire suester ze wibe;
si ne wolten in iz doch nieht fersâgen,
3240 wolten si in gelich werden,
daz si sich pisniten
unt begingen iudiske [69ᵇ]site.
Ob in daz niene geuiele,
si liezzen si haben ire hônde;
3245 wurt in wider ire suester,
sine bâten bezzer.
Emmor unte Sychem
ne wolten sich des nieht besprechen,
sprachen daz gerne taten
3250 mit allen den si hâten.
Dŏ si in die burch chomen,
daz lîut zŭ in namen,
sageten in ze mare
wie da ein riche man ware,
3255 der hêt einlife sune,
der si haben mahten michele frûme,
die gerne mit in lebeten,
ûb die man sich besniten
nah hebreiskeme site
3260 forne an der scante;
si buweten gern in ire lante,
wolten in sam in selben getruwen;
si waren fridesame liute,
si scolten si haben ze trûte.
3265 Dŏ diu rede wart kitan,
dŏ ne was dar nehein man
der sich des wolte werigen
erne liezze sich martiren
an sineme lî[70ᵃ]be
3270 damit er scolte frumen sineme wîbe.

3245 wurt *undeutlich.* 3257/9 *dreireim?* 3257 *fehlt
in* K. 3262/4 *dreireim? H und* P² *machen aus 3262 ein
reimpaar mit versgrenze nach* sam in. *ein derartiges enjam-
bement wäre für unser denkmal sehr auffällig.* K *hat diesen
vers nicht.*

An deme dritten morgen frŏ,
dŏ iz sie smarz aller harteste
unt si fore swerden
sich nemahten irwerigen,
3275 dŏ giengen zuene Iacobes sune,
die da zŭ waren frume,
namen ire wâffen,
dannoch daz lîut lach slâffen,
alle sis irslŏgen,
3280 neheinen uber hŏben,
sueher unte gisuien
ilten si uerniden.
Die suester si namen,
begunden mit ire heim gahen.
3285 Dŏ die brŏdere gesahen
wiez was irgangen,
die burch si zestôrten,
den rŏb dane fŏrten.
uihi unte hien
3290 hiezzen si dane triben,
nieht si da leipten,
ir anten si rachen.
Iacob si rafste
uil ernisthafte:
3295 si heten ime ubile mite geuarn
daz si girochen hetin ir zorn,
si heten ime florn sin êre,
ime negetruwete nie[70ᵇ]men mere,
daz sin ouch die haz heten
3300 dien ê minnoten.
    „Vnser ist luzzil,
ire menige ist michil.
uns newelle got nerigen,
wir nemagin uns in nieht irwerigen“.
3305 Die sine sune
antuurten ime
si mahten nieht firtragen
daz er ire suester ze wirtinne wolte haben,
si fŏren ê uz er lante,

3310 ê si dultin die scante.
Iacob sprach dô
in michileme ummôte
„uwer ieglich
pringe sinen roub fure mich,
3315 suaz er da gename
daz pringe here uil begarwe.
ub got wil,
des nebistet hie pore uile.
die heidenisken meilin
3320 nisculen unsich nieht unreinen.
lat mich skiere alle sehen,
suaz sin uwer ieglicheme ze teile si geskehen.“
uile skiere si brahten
daz si da geroubten.
3325 Dô iz allez fûr in chom,
dô [71ᵃ]hiez er ein eich untergraben,
da parg er unter
dei heideniskin wunter,
scaz den mârin,
3330 er newolte sin nieht dane fôren
noch niemanne stâtote
daz er sine gîri dar ane sâtote.
Iacob sich dane hôb,
do er den rôb begrûb.
3335 an die stat er chom,
da er ê sineme brûder intran.
Als er intslief,
got in ane rief,
er gehiez ime zeware
3340 daz er uil chinde gebare,
daz chunige die heren
uon ime chomen.
Er gnadot ime dô,
sin oppher praht er ime sa.
3345 [71ᵇ]Dô der langez chom,
dô fûr er ze Bethlehem.

3344 *nach* sa *raum für ein bild.*

da beuie die sconen Rachel
ein uile michil ser.
si was suanger,
3350 si trŏch sun den ander.
ire wart uil wê,
do si sin ze chemenaten gîe.
do si des chindes genâs,
uil sciere ire ente was.
3355 durch des tôdes smerzin
hiez si in Benomín,
daz chuît ire seres sun.
Hoy, weng Iacob,
wîe leide dir getet der tot,
3360 daz er dir nam daz wib,
durch die du choletest dinen lîp
einez unt zueinzich iâre die du dinem oheime
ê du sî gewunnest.   [dienotest,
Ich pin des gewis
3365 daz unter iw zuisk
niene wart diu minne so groz,
so do was des iameres grûz,
do du sahe wib scôniste
wib liebeste
3370 den pitteren tot chiesen
unt du si dannen nemahtest erlosen.
Suie michel ware din [72ª]chlage,
du mŏses si tragen zŭ dem grabe.
uil du gechlagetest,
3375 suie luzzel du dar ane habetest.
mit âmere du dane gienge,

3355/7 *dreireim auch in* K. *Sch und* R *lesen* Benoni.
3357 chuît] chûit.   3362 H *und* P² *teilen in drei verse.*
nach iâre *hat auch die hs. verstrennungszeichen, nach* oheime
aber nicht. ein dreisilbiger vers (dienotest) *ist für unser denkmal*
zwar nicht unerhört (s. 2642, 2961), *aber doch selten.* K: einez
unde zweinzich iar / die du dienot furwar / dinem oheime /
e du (si) fŭrt(e)st heime.   3371 *von* V *in zwei verse geteilt*:
dannen / erlosen.   3372 chlage] clhage.

　　　uil lucel du da mite ueruienge.
　　　Do der geleidigote man
　　　uon deme grabe hine heim chom,
3380　er nam an sinen arm
　　　daz sin uil luzzele barn,
　　　den weisen Benonim.
　　　den hiez er Beniamin:
　　　ê hiez er seres sun,
3385　do hiez er zesewen sun.
　　　Den lieberen sun
　　　sezzet man ze der zesewen,
　　　daz man dabi wizze
　　　daz er sî der liebere.
3390　[72ᵇ]Da nach gesach Iacob
　　　Ysaac sinen uater gût.
　　　der was do alt zeware
　　　ahtzig und zehenzig iare.
　　　die werlt er begab,
3395　Iacob tet ime ein scone grab.
　　　Er unde sine sune
　　　weinoten ob ime,
　　　unze des was gnûch.
　　　da nach er in begrûb.
3400　der gote werde
　　　wart betroret mit der erde.
　　　div sele fûr ze gnaden
　　　zû ire uater Abrahame.
　　　da uand er gnadone uile,
3405　aller mandunge spil,
　　　da ist er sîn ebensazze,
　　　da intluchet er sine scozze:
　　　Suer dar zû ime wirt besceret,
　　　uile wole des ding feret.

　　3386/7 W *hat nach* sun, man *und* zesewen *teilungspunkt.*
H zieht sezzet man *zu* 3386, *P² folgt* W, *nimmt* 3384/6 *als
rührenden dreireim und* 3387 *als reimpaar* (man / zesewen).
K: den liebern sun heizzet man ze der zeswen / beidiv sitzzen
unde sten.　　3389 *nach* liebere *raum für ein bild.*

3410 er nimet ín in sinen barm,
     dâ newirt er niemmer arm.
     er sizzet da same sûzze
     sam in Abrahames scozze,
     wand ime der himilissken wunne
3415 da niemmer zerinnet.
     Daz an dem bûche stat gescriben
     daz mûzzen wir sumelichez uberheuen.
     chunde wir iöch wol scopphen,
     so [73ᵃ]scolte wir doch ettewaz uber hupphen.
3420 Do der gûte Ysaac uerfûr,
     do wurden uile gelieb die zuene brûder,
     Esau unde Iacob,
     als iz got gebot.
     Esau was ein riche man
3425 in uihe iöch in hiwen,
     daz er in aller herscefte
     nehête gebresten.
     Von siner geburte
     einlif herzogen wurten
3430 *hie ze dirre werlte.
     ire herscefte waren [73ᵇ]uile herte.
     daz tet got durch daz
     daz er Ysaaches same was:
     ube si des himilriches scolten mangelon,
3435 daz si auer dirre werlt erône mûsen menden.
     Ouch scolte er geniezzen
     sines uater gelazze,
     der der erde gebot
     daz si ime gebe wûchere genûch,
3440 noh ime der himel uerzige
     er negabe ime touwes uile.
     Esau und Iacob
     heten bede genûch.
     ir geziug was groz,
3445 sine heten neheinen gnoz.

Iacob begunde buwen
in deme lante Chanaan.
daz lant was gût,
par wûchere gnûch.
3450 sine sune
giengen mit dem uihe.
da wart Ioseph innen
neiz waz unrehtere minnen
dere sine brûdere spulgten,
3455 daz man nieht scol melden;
daz taten der diuwe barn,
daz was ín ane geborn.
Sinem [74ª]uater er sagete
waz er gesehen habete.
3460 Sin uater hiez in sin stille,
uermiden solich gechelle.
da gesuigete er,
ne redite iz nieht mere.
Ioseph was uile scone,
3465 ern ûpte neheine hônde.
durch daz minnote er ín
fure alle brûdere sin.
einen rôch er ime scûf,
der gieng ime an den fûz,
3470 mit phellole bestalt.
des urôte sich der helt balt.
So die brûdere daz gesahen,
do si heim chomen,
daz er in einen
3475 fure si alle wolte meinen
mit aller slahte minnen,
des begunden si ime erbunnen
noh nemahten uore hazze

3446 begunde buwen] puwen began V.   3447 ze chanaan KV.
3449 par] iz par V.   wucheres V.   3451 gingen *zieht D²
zu vers* 3450.   3455 nieht] nine V.   3463 er ne V.   3466 er
fehlt V.   3467 fure] sin uater uur V.   3469 gieng ime] ime
gi V.   fûz] schûch KV.   3472 So] Do KV.   3477 des] do V.

in mit gûte geruzzen.
3480 [74ᵇ]Porlang iz done stûnt,
ê Ioseph sach einen troum gût.
der troum was uile hêre,
er ward in allen gefûre.
er chom sin selbe in not,
3485 er ward dar umbe uerchouffet.
Also do chom der tach,
sinen uater und sine brûdere er bat,
daz man ime uername
waz ime in trŏme zû chome.
3490 Der uater hiez in iz sagen,
sprach erne scolte iz nieht [75ᵃ]uerdagen.
Ioseph sprach do
uil gezogenliche
„Nv tût is goume
3495 wie mir chom in trŏme,
daz wir alle giengen,
garbe an deme akchere zesamene trûgen.
do gestûnt diu mîn
uil herisken;
3500 die iuweren si umbestûnten,
zû der minen sich naigten.“
Die brûdere sprachen in nîde
er hûbe sich ze chunige,
er wolte gevvis sîn
3505 er scolte ire herre sin.
Des troumes er inkalt,
der nit wart uber in manichualt.
Ime troumte mere
uone grozzerer êre.

3479 *nach* geruzzen *raum für ein bild.*   3480 Porlang]
initiale fehlt.   3483 gefûre] wâre V.   3489 in trŏme zû]
ze trovme V.   3491 sprach] er chot V.   3493 gezogenliche]
gutlicho V.   3495 in] ze V.   3496 alle] ze uelde V.
3500 si] da V.   3501 sich] si sich V.   3502 in nîde] inne
des V.   3505 er sc. ire h.] daz er ir h. solde V.   3506 Des]
initiale fehlt.   3507 uber in] in uber uil V.   3509 grozer V.

3510 **D**en troum newolte er uersuigen,
      wand erne chund iz uermiden,
      er mûse zellen
      daz ime got rûhte offenen.
      *D*o si zesamine chomen,
3515 er bat si ime horen.
      ich weiz si ime gesuigten,
      unze si den troum gehorten.
      Ioseph sprach do
      [75ᵇ]uile gezogenliche
3520 „Ich weiz mich beduhte,
      do ich mines slâfes brûhte,
      wie sunne und mane
      zû ze mir chome
      und einlif sternun
3525 uone himele uerre
      unde buten sich sûzze
      zû minen fûzzen.“
      Den uater wunter nam
      waz daz scolte bezechenen.
3530 doch sprach er ime zû
      ettewaz rafsliche
      „wane ich und din mûter
      iôch dine brûdere
      noch hie in erde
3535 din [76ᵃ]durftig werden?“
      Daz mûse so ergen
      uber siner brûdere willen.
      si heten in gerne florn,
      ne wolt in got bewaren.
3540 **S**i giengen in unmûte
      ire uihes hûten

3512 mûse] mus ez V.   3513 ze o. V.   3514 *Do*] *initiale*
fehlt.   3515 er b. daz si ime horten V.   3518/9 *fehlt* V.
3519 *nach* gezogenliche *raum für ein bild.*   3521 slâfes] flâfes.
fehlt V.   3523 ze *fehlt* V.   chomen V.   3526 buten *nach* suozze,
also vers 3527 *beginnend* V.   3530 doch] do V.   3532 wande V.
3539 niht bewaren V.   3540 unmûte] mûte V.   3541 ire] sines V.

und waren lange stunde,
daz si heim newanten.
Do sin den uater belangete,
3545 er bedaht iz in sinem mûte
waz daz meinen scolte
daz ir nehein widere zû ime wolte.
Ioseph er rûfte,
uile skiere er ime antwurte.
3550 **D**o sprach Iacob
zû sineme sune Ioseph
„*N*v, wench min chint,
ich ne weiz wa dine brûdere sint.
nu gench, tû ware
3555 wie ir dinch uare.
mich ist michel wunter,
ub ir dehein sî gesunter.
so du si uindist,
uile skiere du mir chundest
3560 wîe ste ir dinch.
nu ile, min trûtchint."
Ioseph uile balde lîef
zû Sichem in daz tal tîef,
wande da was der weide gnûg
3565 unde [76ᵇ]was diu selbe gût.
Do sach in da ein man
hinnen und ennen irre gan.
der fragete in ub er ime sagen gerûhte
waz er sûhte.
3570 **E**r sprach sûhte sine brûdere,
wa si hilten ire chorter.
Der man chod er horte si sprechen
si wolten zû Dothaim.

3542 lange *fehlt* V.   3543 si] si ime V.   3544 sin]
is V.   3547 zû ime] ne V.   3552 *N*v] *initiale fehlt.* Du V*P*¹.
3554 tû ware] du frâge V.   3555 uare] ware V.   3557 de-
heinir KV.   3565 gût] ovh gût V.   3569 er da KV.
3570 sprach] chot er V.   3572 sprachen V.

    *I*oseph streich nach in
3575 unde uant si in Dothaim.
    Also si in uerrest sahen,
    zů einen anderen si sprachen
    „Nu sehet ze deme troumare,
    er bringet niumare!
3580 slahem wir den selben hunt
    und werfen ín in dirre zisternen grunt!
    wir choden daz den selben uerwazzenen
    dei wilden tier urazzen.
    so wirdet wol skîn
3585 waz ime die trôume frvme sin."
    Do daz uernam Rubên,
    er bat si die rede lazzen sten.
    Er sprach „niene slahen in,
    werfen ín in die cisternen!
3590 [77ᵃ]wir sculem unsere hente
    behalten ane sunte."
    er wolt in gerne nerigen,
    deme tode erwerigen,
    ub er ínen so bename,
3595 daz er sinem uater wider chome.
    Also Ioseph zů in chom,
    uil skiere si in ane sprungen,
    unsanfte si ime zů sprachen,
    den roch si ime abe prachen.
3600 si taten ime ubele stozze
    iŏch slege grozze,
    liezzen in in einem wazzergademe sitzen,
    unze si inbizzen,
    unze si inein wurten,

    3574 Ioseph] *initiale fehlt.* Er V.   3575 in] ze V.
nach Dothaim *absatz.*   3576 anesahen V.   3578 Nu *fehlt* V.
3581 an dirre V.   3582 wir] unde V.   3584 danne wol KV.
3586 Do *fehlt* V.   3587 si *fehlt* V.   3588 Er sprach *fehlt*
V.   niene] niht V.   slahe wir V.   3591 ane di s. V.
3593 werigen V.   3596 Ioseph] er V.   3602 si lizen V.
3604/5 ein wurten weder si in *fehlt* V.

3605 weder si in erslûgen oder si in erwurgten.
    Ich weiz si in allen gahen
    chouflûte sahen.
    si fûrten mislich guant,
    si wolten ze Egypte lande.
3610 [77ᵇ]Do sprach Iudas
    der der bezziste was
    „zewiu ist uns gût?
    tûn wir unserem brûdere den tot,
    so uorderot got
3615 zû uns sin blût.
    Vvelt ir iz an minen rât lazen,
    ir muget sin baz geniezzen:
    gebet in den choufliuten!
    lât in iw gelten
3620 und nebewellet nieht iuwere hente
    mit mordisken sunten!
    er ist unser lichname,
    des sculen wir tûn ware.“
    Der rât duhte si gût,
3625 skiere ward er uercho[78ᵃ]uffet
    umbe zueinzig phenninge,
    die teilten die zehen iungelinge.
    Die in da chouften,
    die hiezzen in mit in gen.
3630 do mûse daz chint lussam

    3605 oder si in] oder KV.   3607 gesahen KV.   3608 si]
di V.   3609 ze] in KV.   *nach* lande *raum für ein bild.*
3611 beste under in (K)V.   3612 uns daz g. KV.   3613 daz
wir u. br. tûn V.   3614/5 so uorderet uns got sin plût V.
3617 baz] palde V.   3618/20 *versteilung unsicher. H und*
P¹ nehmen 3618 *als waise, die (nach Lachmanns vorschlag,*
s. H 54 anm.) durch den Ismahelîten *zu einem reimpaar er-*
gänzt werden könnte; 3620 *fassen sie als zwei verse mit vers-*
grenze nach bewellet (: gelten). *in* WV (*und* K) *versteilung wie*
oben im text.   3619 lat si in V.   3620 und] noh V.   *nieht*
fehlt V.   3621 mortlîchen V.   3624 Der] Eer.   3627 *nach*
iungelinge *absatz.*

       ellende werden.
       Er skîet mit riuwen
       uon den ungetriuwen
       mit gebuntenen armen,
3635 daz mahte got erbarmen.
       manigen zaher er lie,
       do er uon in gie.
       Do Ruben zů der grůbe chom
       und in niene mahte uinden,
3640 sin gewate er zarte,
       uil lute er harte
       „we, brůder min,
       wa scolt du sin?
       waz mag ich weniger man
3645 disses leides tůn?"
       Ein chitze si slůgen,
       uil gare si iz benůgen,
       den Iosebes roch
       dunkten si in daz plůt,
3650 ir uater si in santen,
       ub er in er chante,
       daz er sahe
       ub er sines sunes ware.
       si sprachen daz si in heten uvnten,
3655 dâr ane getan wunten
       [78ᵇ]sam in ein tîer hête uerslunten.
       Als in der uater gesach,

    3636 er da lî V.   3637 uon in] after wege V.   3639 niene]
ni V.   3642 brůder *fehlt* V.   3646 *E*in] Din.   3649 dunkten]
dŏhoten K, stizen V.   3654/6 *dreireim, den* K *in zwei reim-*
paare wandelt (si sprachen si heten in funten / da im getan
wæren die tot wnten / uon einem tiere wilden / die geschiht
baten si in eruinden); *in* V *fehlt* heten *und vers* 3655, *es bilden*
hier 3654 *und* 3656 *ein reimpaar* (uunden : uirslunden), *V hält*
3655 *für interpolation von* WK.   3654 heten uvnten] uvnten
heten (*mit verspunkt vor* heten).   *H beläßt die wortfolge der*
hs., setzt aber versgrenze nach heten *und macht aus* 3654 *ein*
reimpaar (sprachen / heten); *P*¹ *streicht* heten.

uil riuweklichen er sprach
„der roch ist mines chindes,
3660 so wem mir sines todes,
daz min got so hât uergezzen,
daz in íe dehein tíer scolte urezzen!"
Sin gewate er zarte,
uile barmikliche er harte
3665 „nu mûz ich iemer weinen
den minen lieben weisen."
Do die sune chomen,
zû zime giengen.
so si in trosten ie mêr,
3670 so ime íe wirs tét daz sêr.
sprach daz weinente
mûse chiesen den ente.
[79ª]Die Ioseben chouften,
do si in zû Egypte lande brahten,
3675 si uerchouften in sâre
zû einme herren hiez Putifâr.
der was ein geweltig man,
deme was daz here under tan.
durch sine lussame
3680 nam er ín ze dienest man.
Ioseph got ane rûfte,
uile wole er in berûhte.
wole ime spûte,
sua er dienote.
3685 ein chint was er erlich,
al sin gebare was tugentlich.
in elliu diu und er tete,
so hête er gûte site.

3662 íe *fehlt* KV.   3663 zezarte V.   3664 parmechen V.
3668 zû ime V.   3669 trosten *nach* î V.   3671 sprach] er chot V.
daz *fehlt* V.   3672 er mûse V.   ente *fehlt* V.   *nach* ente
raum für ein bild.   3673 Die] *initiale fehlt.*   3674 zû] ze KV.
3676 zû] ze V.   3680 dienest *fehlt* V.   3681 Ioseph] *initiale*
fehlt.   3682 berûhte] horte V.   3685 ein chint] selbe V.
3686 tugentlich] zuthlich V.   3687 und] daz V.

got gab im fransspût
3690 in elliu diu und er bestûnt.
*V*nlangez zît hine chom,
ê in sin herre sazte ze ambtman.
al daz er hête
daz peualh er zû siner gewelte,
3695 daz ime al daz ware under tân
daz ter ime scolte dienen.
nieht er uz nam
wane sin wib lussam.
*D*o er daz ambahte gewan,
3700 [79ᵇ]do ward er so er gote gezam,
gût und gnadich,
des wart er salich.
deme liute er rihte
mit getriulichem erniste.
3705 *E*r gebot daz niweht bestûnte
deheinem armen siner phrŷnte.
abe deme pûman
er niweht innam
mit unrehteme gedinge
3710 noh mit neheinem geduenge,
newar sin reht dienest;
iouch daz duhte in daz aller furste:
der ime daz gab
deme uergab er iŏch des so er in sin bat.
3715 *V*on diu gîe der gotes segen
uber al des er scolte phlegen.
die liute waren salich,
erde iŏch uihe uil barich.
da got selbe was pûman,
3720 waz mahte da ubele wûcheren?

3690 *nach* bestûnt *absatz.*   3691 *V*nlangez] *initiale fehlt.*
Uile V.   zites V.   3694 zû] al ze V.   3695 daz ware] di
wurden V.   3696 daz ter] di V.   solten V.   3699 *D*o] *initiale*
fehlt.   3700 so] also V.   zam V.   3706 neheineme V.   3710 de-
heinem K V.   3711 newar] niwan V.   8712 iouch *fehlt* V.   daz
vor aller *fehlt* V.   3714 des *fehlt* V.   sin] i V.   3719 da] Ua V.

Vnder allem deme gûte
gab got Iosebe daz ze mûte
daz er an deme gewalte
ime mêre mazzes nebeualgte
3725 ne wane [80ª]daz turre prôt,
da zû tranch er wazzer gût
unde was er doch so scone
same diu wunnesame plûme,
daz si alle wunter nam,
3730 wannen er ware so wol getan.
*V*nder dere menige
gebarote er gelich einemo helde.
so er was gesuase,
so hête er mit gote sin gechôse,
3735 so beualh er elliu siniu dinch
an unseren trehtin,
daz er in béhûte
in aller siner note
noh in sineme ellente
3740 uber inne statte deheinem sinem uiante.
Got werte in des
und anderes maniges,
neware daz er ime doch tete,
so ie was sîn site,
3745 daz er in besûhte,
ub er an ime ieht zuivelote.
*D*o iz Ioseph also wole ane uîe
und ime an niehte misse gîe,
do begunde er siner urôwen lichen.

3722 daz *fehlt* KV.   3723 er] er ime V.   3724 ime
fehlt V.   ne geualchte V.   3725 newane] ni war V.
3727 idoch also V.   3729 si alle] alle di V.   3731 *V*nder]
initiale fehlt.   3734 sin *fehlt* V.   3735 siniu dinch] dev dine
(*sic!*) sin V.   3740 gestatte V. *nach* statte *verstrennung bei*
MR.   3741 gewert KV.   3742 a. uil m. KV.   3743 idoch V.
3746 ieht *fehlt* KV.   *nach* zuivelote *absatz.*   gezviuelote V.
3747 *D*o] *initiale fehlt.*   also] so V.   3749 lichen] *aus*
lichem *durch rasur.*

3750 si wolte in besuichen,
     si begun[80ᵇ]de getougen
     an in werfen dei ougen.
     si tét wider in dei gebâre
     dei ime waren ummare.
3755 si be gund in spenen
     und unrehtes wenen.
     wenen daz netohte,
     ub si uore gote mahte.
     *D*o si iz langere nemahte uerhelen,
3760 do begunde si zů ime spilen.
     diu selbe uerwazzene
     bat ín mit ire slâffen.
     *S*în antwrte was zuhtlich,
     diu rede duht in umpillich.
3765 *E*r sprach „urŏwe, wie mahte ich iemmer so
     oder mines gotes so uergezzen,   [ubcle getûn
     daz ich deme untriuwe tâte
     der mich gechouffet hate,
     und suie ich ware sin scalk,
3770 daz er mir al sin gût beualech
     und des ist al ungewizzen
     des er hat besezzen
     neware so uile
     so ich ime sîn geben wile:
3775 ich walte sin alles.
     got erlazze mich solihes fal[81ᵃ]les.“
     uile mahte si sih es gemŭn,
     er ne wolte sin nieht tûn;
     uil mahte si sih es pelgen,

    3751 tŏgen KV.   3756 und *fehlt* KV.   3757 wenen
fehlt KV, *s. D*¹ *anm.*   daz] des si V.   3758 uore] uone V.
3759 *D*o] *initiale fehlt.*   3760 zŭ] ze V.   3765 *E*r] *initiale*
fehlt.   sprach] chot V.   urŏwe *fehlt* V.   3767 deme] di V.
3769 und *fehlt* V.   3770 daz *fehlt* V.   er] der V.   3771 des
ist al] alles des ist KV.   3774 ime sîn] es ime V.   3775 sin]
es V.   3777 es *fehlt* V.   gemŭn] mŭn V.   3778 sin] es V.
3779 es *fehlt* V.

3780 erne wolte ir uolgen.
     daz hŭr er uermeit,
     des chom er in arbeit.
     Eines tages daz gescach
     daz si in einen gesach.
3785 er tét neiz waz werche,
     da er niemannes zŭ bedorfte.
     si wânte iz ware ir wole ergangen,
     daz si da ne sach nie mannen.
     Si hiez in daz uverh lazen stan,
3790 hiez in mit ire gan.
     si chod „slâf mit mir,
     wol lone ich dir."
     Er weigerote,
     si pat ín gnote.
3795 do si in neheinen ente
     mahte uberwinten,
     bî deme lachene si in uîe,
     uile skîere er iz uerlîe.
     uz deme hûs er flôch,
3800 sinen weg uon ire zoch.
     [81ᵇ]Also er ire intran
     unt ir lîe daz lachen
     unde si wart innen
     daz er si newolte minnen,
3805 si begunde wŭffen,
     den liuten rŭffen.
     Do si chomen,
     si bat daz si ire uernamen.
     si chod „iuwer herre hât wol getan,
3810 daz er gewan einen hebreisken ambtman

    3780 ir niht V.   3782 in groz a. V.   3784 e. gesach] einene
uant V.   3785 er tét] tŭn V.   werches V.   3786 ne bedorfte V.
3790 unde hiez K V.   3792 ich es dir V.   3794 uil genote V.
3795 nehein V.   3800 er uon ir V. *nach* zoch *raum für ein bild.*
3801 intran] tran V.   3802 unde er ir V.   3804 ne] niht K V.
3806 ze rŭfen V.   3807 si ir ch. V.   3808 daz *fehlt* V.
uernamen] horen V.   3809 si chod *fehlt* V.   3810 ambt *fehlt* V.

der ime ane mir wolte lonen,
daz er mich wolte honen.
Er zogete mich
uil umpillich.
3815 ne hate ich geharet,
er hate [82ª]mich inparet
unde hate mich gehonet.
nu sehet wie er ime denne hête gelonet.
als ich rief,
3820 daz lachen er hie liez.
dabi maget ir sehen,
waz hie ware gescehen,
ub ich gesuigete,
do er mich zogite.“
3825 **D**o der herre chom
und si iz ime al begunden zellen
und si ime gezeigte daz lachen,
waz mahte Ioseph dawidere sprachen?
wante er geloupte sineme wibe
3830 same sin selbes libe.
er hiez ín in charchâre werfen
unter die uerworhten.
ane sine sculde
hête er uerlorn sine hulde.
3835 **D**o begunde iz got erbarmen
daz si so uerrîet den armen.
er gab deme ze mûte
der des charchâres hûte,
daz er Iosebe wart gnadich.
3840 des ward er uile salich.
er begunde in minnen,

3811 ime ane mir w. l.] ane mich wolte lovfen V.
3812 daz er mich w.] unde w. mich V.   3818 denne *fehlt* KV.
3819 als] also V.   3820 er] er mir V.   3826 iz ime al b.]
imz begunde V.   3827 zeicte V.   3828 gesprechen KV.
3829 wante] unde V.   3830 same] also V.   3831 in den ch. KV.
3834 hête er uerl.] florn heter V.   3836 uerrîet] quelten V.
3838 solde hûten V.

er ne wolte in duingen.
er beualech ime alle
die in noten waren,
3845 daz er sí begi[82ᵇ]enge,
suîe iz ime geuîele.
want er was innen worten
daz er mit werchen iŏch mit worten
alzane got meinte,
3850 daz er hie wol besceinte.
Do in allen gahen
zuene wider den chunich missetaten,
ein phister und ein scenche,
si mûsen in daz gebende.
3855 in den charchâre man si warf,
in daz gebente uile starch.
Iosebe wurten si beuolehen.
er nelie si nieht suellen,
er gab in maz unde tranch,
3860 er die[83ᵃ]note in gotes danch.
er begîe sí gnote
mit suiu er hête.
Do die selben herren
wol stunte da waren,
3865 eines nahtes daz gescach
daz ir iewederer einen troum gesach,
wî sîn dinch scolte ergen.
der chunig hête sî unsanfte besten,
si waren in sorgen
3870 waz ir scolte werden,
si waren unurô.
Ioseph sprach in zů

3842 in niht KV.   3843 alle] alle die.   3843/4 er beualch
ime durch sine gûte / alle di da w. in der note V. er b. im
zeware / alle die in dem charchær waren K.   3846 iz] so V.
3848 mit] in V.   mit] in V.   3849 alzane] al nah V.
3850 daz er hie wol] svasso er V. *nach* besceinte *raum für
ein bild.*   3859 unde] ioh V.   3860 gote V.   3864 wol
stunte] lange stunde K, lange V. gewaren V.

„Ia iar gûten chnehte,
iz neuert umb iuch nieht rehte.
3875 ir gehabet iuch hiute ubile,
iz nezâme nieht adale.
saget waz iu si
und wesit piderbe."
si sprachen do
3880 etwaz trurichliche
„Svare ist uns getroumet,
leider niemen uns iz skeidet."
Ioseph antwurt in
„got scol iuch trosten.
3885 waz ub ir mir sagetet
waz iuwe ware gescûmet?
mach skehen daz ich iz iu skeide,
als [83ᵇ]iz iw ergienge."
Do sprach der skenche,
3890 mislih waren sine gedanche:
„Do ich hineht was intsuebe
in micheler unhebe,
do sach ich drî wînrebe
prozzen unde plûn,
3895 zû zitigen perigen sich machen.
do chom mir skiere

3873 *I*a] *initiale fehlt.* Iaria ir K. Ia ir V. 3874 ne
fehlt V. nieht rehte] unrehte V. 3877 saget mir V.
3878 biderbe da bi V. 3880 *nach* trurichliche *absatz.*
3881 *S*vare] *initiale fehlt.* K *und* V: Svare, *H und* P¹: Zvare.
3882 iz uns V. irsheidet V. 3884 got der V. 3886 gescûmet]
geshehen V. 3887 mach skehen *und* iu *fehlt* V. irshîde V.
3888 iw *fehlt* V. 3891 intsuebe (*RVP*¹)] intsube. enswebe K,
insvebet V. 3892 in m. u.] in michebe V. 3891/3 *dreireim?*
oder ist 3891/2 (*gegen die hss.) als éin vers zu fassen?* H
betrachtet 3893/4 *als einen vers und beseitigt so den dreireim.*
nach winrebe *punkt in* W *und* V; K *macht aus* 3893/5 *zwei*
reimpaare: do s. ich dri w. / pr. unde ze dem blûde streben /
ze zit. p. sich m. / do chom mir mit gemache / uon houe der was
lære / des chuniges pechære. *obige versteilung auch bei* P¹.

des chuniges pechâre.
den nam ich in mine hant,
dei pere ich dâr in duang.
3900 deme chunige ich iz trûg,
neheines arges er wider mich gewûg."
Ioseph ime antwurte
nach rehtem geuerte
„so wol dich des troumes!
3905 uber drî tage du gedingest:
der chunig dîn gedenchet,
uile skiere er nach dir sendet.
er uerchiuset dine sculde
und gît dir sine hulde.
3910 leides er dich ergezzet,
wider an din ambahte dich setzet.
den pechâre du im biutest,
also du ê wonetest.
sich daz du min nieht uergezzest,
3915 so du an dînen gewalt widere gesizzest
[84ª]und dir wole sî.
sich wîe mir hîe si.
Ich wart inzukchet,
in ditze lant uerchoufet.
3920 ane sculde
flos ich mines herren hulde.
do warf man mich sare
in disen charchâre,
in dise uinstere grûbe.
3925 nu tû du iz gote ze liebe:
du rât deme chunige
daz er mir gnade,
daz er mich hinnen lose,
ê ich den lîp fliese."

3898 mine] di V.   3901 wider mich] her zû mir V.
3904 dich] mich V.   3911 wider *fehlt* KV.   er dich KV.
3913 gewonetest V.   3914 nieht] nine V.   3915 dineme V.
widere *fehlt* KV.   3917 sich] so gedenche V.   3920 ane
mine sc. V.   3925 du *fehlt* KV.   3929 *nach* fliese *absatz.*

3930 **D**o der phister uernam
     wîe er die troume chunde skeiden,
     do sprach er wîe er sâhe,
     do er insuebe wâre,
     obe sineme houbte drî zêinen
3935 melewes folle,
     unt in der oberisten ware
     allere brote gebare
     dei dehein phister chunde machen
     dei man uz melewe scolte bachen,
3940 unt daz die uogile so gare frâzzen,
     daz si ís nieht uerliezzen.
     *I*oseph antwurte ime des
     „ach ach di[84ᵇ]nes troumes!
     der drîere zeinen
3945 mûst du wol weinen.
     uernim waz ich dir sage:
     die drî zeinen sint dise drî tage.
     der chunig denne gebîutet
     daz man dir abe slehet daz houbet.
3950 er heizzet dich an den galgen hahen.
     da beginnent dich die uogele asen,
     nieht si din leibent,
     gare si dich urezzent.“
     Vber drî tage gelach
3955 des chuniges geburt tag.
     michel wirtscaft er [85ᵃ]hête
     mit aller siner dîete.
     da begunde er gedenchen
     des sinen scen*chen.
3960 **E**r bedahte sine not,

     3931 ersheiden V.   3932 do sprach er wîe] er chot
ovh V.   3933 insvebet V.   3935 mit melewe V.   3937 aller
der V.   3938 dei] di i V.   gemachen V.   3940 daz] iz V.
so *fehlt* KV.   3942 *I*oseph] *initiale fehlt.*   3949 daz h.] din
h. V.   3952 din] dir V.   uerleibent KV.   3953 urezzent]
zerteilent K, zezanekent V. *nach* ur. *raum für ein bild.*
3954 Vber] der V.   3957 mit] undir V.   3959 scechen.

daz er ime uile hête gedienot.
er hiez in ime bringen.
do mŭse er wole gedingen.
er chod daz er ime alle sine sculde uergâbe,
3965 wolte daz er sines ambahtes phlage.
Den phister hiez er fahen,
houbeten unde hahen.
da mûsen in die uogele asen,
als ime was geskeiden.
3970 So der scenche an daz ambahte gesaz,
sines troumskeiden er uergaz.
er irgaz triuwen
iouch maniger riuwen
die er in dem charchâre leid,
3975 ê ime Ioseph den troum skiet,
der in azte unde tranchte,
pettote ime sanfte.
der scenche des alles ergaz,
do sin dinch begunde sten baz.
3980 [85ᵇ]Danen uber zuêi iar
gesach der chunig uile her
einen troum suâren.
den saget er den herren.
den nechunde nehein man
3985 rehte gesceiden
noh niemen unter deme liute,
waz der troum diutte.
Do begunde der scenche
sines troumsceidares gedenchen.
3990 er sprach zŭ deme chunige
„herre, uernim mine ubele,

3964 daz *fehlt* V. er ime *nach* sculde V.   3965 unde
er wolte V.   sines] sine.   3964/5 *bei* D² *zwei reimpaare*
(er chot alle sine sculde / er ime uirgabe unde er wolte / daz
er ... / s. a. phlage).   3970 So] Do KV.   an *fehlt* V.   besaz V.
3972 uergaz KV.   3978 alles *fehlt* V.   3979 *nach* baz *raum*
für ein bild.   3980 Danen] *initiale fehlt.*   3984 nechunde]
chunde V.   3986 niemen *fehlt* V.   3989 tr.] trovmes V.

wîe mir ist gescehen,
des mûz ich dir gehen.
Ich [86ᵃ]unde din phister
3995 lagen in charchares uinster.
da beualech man unsich inne
einem hebreisken iungelinge.
der tet uns al daz gût
daz ime got gebot.
4000 Do zeinem mâle
troumte uns beiden suâre.
des begunden wir truren,
er begunde uns trosten.
Vuir sageten ime die troume.
4005 die sciet er uns sliume,
er sprach ich gewunne dine hulde,
daz man auer den phister hienge.
der fewederiz wart,
so sin nîe uerwandelot wart ein wort.
4010 Mich pat er gnoto
daz ich sin wider dich gedahte,
daz ich dir chunte
daz er ware ellente,
ime heten lugenare
4015 gemachot daz er ware geworfen in charchâre,
daz du durch dine gûte
namest in uz der note."
[86ᵇ]Der chunig gebot
man brahte ime den man gût,
4020 daz man in padote und scare,

4001 getrovmte V.   4005 di irshît V. sliume] palde V.
4006 er chot daz ich dine hulde gewunne V.   4007 unde
daz V. auer *fehlt* KV.   4009 so sin — wort] nehein wort
nirwandelet wart V.   4011 gedahte] gewûge V.   4014/5 *bei*
H, D² *und* P¹, *die* 4015 *nach* ware (*gegen* WV) *in zwei verse*
teilen, dreireim. K *geht andere wege:* im heten l. / gemachet
dise swære / unde daz er wære geworfen / in des charchæres
molten.   gemahchet *vor* lugenare V.   4015 in den V.
4017 in namest uzer n. V.   *nach* note *raum für ein bild.*

watete inen ziere.
Als er in gesach,
ich weiz er ime zů sprach
„Ich mach wole iehen
4025 daz ich starche troume habe gesehen.
dîe ne wolt ich melden
neware minen holden.
under den neuant ich neheinen man
der mir si chunde geskeiden.
4030 Do sagete man mir,
ub [87ª]ich si zalte dir,
daz da uore nieht ne ware,
du nesagetest mir suaz da uz geskahe.“
Do sprach Ioseph
4035 „des uermizze ich mich nieht.
got antwurte deme chunige
franspût âne mine skeiden.
gerne wil ich doch uernemen
waz ime in troume si chomen.“
4040 Er ne redete nieht mere.
do sprach der chunig here
„Ich weiz mich peduhte,
do ich mines slaffes brûhte,
wie ich stûnte eine
4045 an eines stades reine.
do giengen uz der ahe
siben chů rade,
feizte unte scône.
si giengen an daz cras grûne,
4050 an dere weide
giengen si mit uroude.

4021 inen ziere] shire V.   4027 neware] niman wan V.
4028 neh. m.] niman V.   4031 gezalte V.   4032 daz da
niht uore ware V.   4035 des ne u. V.   4037 fransmüte V.
minen V.   4038 doch] daz V.   4039 si zů chomen V.
4041 here] herre V.   4044 stunde *nach* eine V.   4050 weide]
wise (*D² ergänzt aus K*: bescovde) V.

Daz stůnt unlenge,
ê andere sibene giengen ennen,
magare und unscone,
4055 ich ne gesach nîe wirs getane.
die feizten si frazzen,
den hunger doch negebůzten.
an in niener skein,
ub si inbizzen der [87ᵇ]feizten dehein.
4060 Des troumes ich intspranch.
do nestůnt iz porlang,
ê mir was sam ich sahe
da uzze an der sâte
in dem tualme
4065 wahsen an einem halme
siben eher sconiu
unde uolliv.
Danah sach ich sibiniu,
slachiu iouch durriu.
4070 dei uollen si ane scrichten,
uil skiere si uerslickten."
Do sprach Ioseph
„ditze neist trugeheit nieht.
der chunig sah eine
4075 die gotes getougine.
er gerůhte ime offenen
daz er wil stiften.
des in ist zuiuel nehein,
die troume sint pede ein.
4080 Dei siben rinder feiztiu
und dei siben eher uolliu
daz sint siben iâr gůtiu,
alles rates uolliu,
so nîe bi mannes geburte
4085 neheiniu bezzeriu wurden.

4052 unlange KV.   4053 giengen] chomen KV.   4057 ne]
niht V.   4058 niener] nider ne V.   4069 iouch] unde V.
4071 si] si si KV.   4075 tǒgen KV.   4079 sint] sin V.   ein]
in ein V (gânt b. in ein K).   4081 und] ioh V.

niene wart der geborn
bi dem baz wurde fleisk unde chorn,
ole noh win.
wie mahtin si bezzere sin?
4090 Da[88ª]nah choment sibiniu
so freis*lichiu*,
daz lutzel liutes bestet,
iz ne lige hungeres tot.
So daz chorn zerinnet,
4095 so ist daz fihe skiere wirt furebraht,
so mûzzen si suellen,
uore hungere chuellen.
wîe mahte in w*i*rs sin?
so mûzzen si irsterben.
4100 Vvil du mines rates rûchen,
du scolt dir einen wisen man sûchen
der nah dir daz lant
habe in siner gewalt,
deme daz liut si undertan.
4105 der setze sinen ambtman
uber iegelich gou,
uber chorn iŏch hou.
den in disen siben iaren
daz nieht uersmahe,
4110 sine heizzen mannegelich fazzen án sin seil
sines chornes daz finfte teil,
trage iz zû froneme stadile

4089 si do V.   4090 chomen V.   4091 freis*lichiu* (KV)]
freissam.   4092 liutes] lute KV.   4093 hungeres *fehlt* V.
allez tot (K)V.   4094 zerinnet (*auch* K)] zvirot V (*dem V den
vorzug gibt*).   4095 *verderbte stelle in* WKV? 'ist' *zu
streichen? anders* D¹ *anm. zu gen.* 85, 26. daz uihe man
schiere furbringet K.   so ist shire daz uihe uurbraht V.
4098 w*i*rs] wrs.   4099 sterben V.   4101 dir *fehlt* KV.
wisen] gewissen V.   4103 gewalt] hant V.   4106 gou]
gût V.   4107 iŏch] unde KV.   4108 den] di V.   4109 uir-
smahen V.   4110 fazzen *nach* seil, *also den nächsten vers
beginnend* V.

       oder fûr iz ûf sineme wage*ne.*
       Man scol dir iz frönen,
4115 den chunftigen hunger da mite hônen.
       so iz so tiuren beginnet,
       daz niemen [88ᵇ]nieht uindet,
       so scolt du in da mite helfen,
       bedeu geben iöch uerchouffen.
4120 so genisit dir daz liut,
       daz wirt dir uil liep.
       so mag man dir gesân.
       so dunchet iz mich wole getan."
       Do sprach der chunig uber lût,
4125 daz horte manig sin trût
       „wâ magen wir deheinen man finden,
       des gotes geistes so follen,
       so mich dunchet dirre man
       der minen troum so wol hat [89ᵃ]geskeiden?
4130 Ich neweiz in miner gewalt
       neweder iunge noh alt
       der dir si gelich.
       uon diu wil ich
       daz du nah mir sist
4135 der allerheriste
       liutes unde lantes,
       daz du sîn alles waltes,
       noh nieman sî so riche
       er ne scule dir intuichen,
4140 tûn al daz du gebietes
       oder an snaz tu si leites.

    4113 wage*ne* (KV)] wage.   4114 dir *fehlt* V.   4115 damite
sol man den hunger h. V.   4116 *zweites* so *fehlt* KV.   4117 in-
uindet V.   4118 in *fehlt* V.   4119 bedeu *fehlt* V.   iöch]
unde V.   4121 uil] darnach V.   4122 gesam V.   4123 *nach
getan raum für ein bild.*   4126 *ja* ne mege wir niht uinden
deh. man V.   4129 mine trovme V.   wol *fehlt* V.   ges-
keiden] irsheinen V.   4131 ne *fehlt* KV.   iungen KV.   4133 uon
dev so V.   4135 *nach* allerheriste *nochmals* sist V.   4137 ge-
wltes V.   4138 noh *fehlt* KV.   4141 an *fehlt* V.   leites] lazest V.

Et ich heizze der herre,
ich ni ger sin nieht mere,
des stûles unt des namen
4145 sculen si mich dir fore haben."
der chunig hêre
sprach iôch mere
„Nv han ich dich giweltich gitan
ub er al daz ich han."
4150 Daz gifingir er nam
abe siner hant wolgitan.
inen er iz ane legite,
zi deme giwalt inen stabite.
Ich weiz er in ane watet
4155 einen saben gût,
umbe sinen hals einen pouch
der was [89ᵇ]aller rôt golt,
hiez in setzen ûf sin gereite,
after der burg bileiten,
4160 daz sin bote foregienge,
gibute daz man în inphienge,
daz simi alle chniutin ingagini
also deme chunige.
Der chunig sprach mere
4165 durch Iosebes êre
„Ich pin iz pharao,
da horet îu alle zû:
niemen niwegi sinen fûz noh hant
uber allez ditze lant
4170 unt si uile stilli,
iz ni si Iosebes willi.

4142 Et] ot V.   4145 sc. si mich] se ubisi mich V.   dir
fehlt KV.   4147 iôch] zû Iosepe |V.   *nach* mere *absatz.*
4150 fingerlin V.   4151 ab der siner wolgetan hant V.
4153 inen] er in KV.   state V.   4157 rôt *fehlt* V.   4158 er
hiez KV.   sitzen V.   4159 leiten KV.   4160 daz sine boten
uore gingen V.   4161 gebuten V.   4162 chniutin] chinten V,
chnuitin *HP*¹.   4163 also ingegen deme ch. V.   4163 iz
fehlt V.   4168 noh sine hant V.

Ich niwil ouch nieht
daz er heizzi Ioseph,
er heizzit pillichere
4175 der werlt heilare."
[90ª]Dů tet er in gihît,
er gab ime ein riche wib,
eines piskofes tohter
diu was ane laster.
4180 drizzig iare was er alt,
dů im der chunig gab den giwalt.
dů fůr er scowen
wie daz lant ware gibuwen.
uil wol er birihte
4185 ein îegelich ambahte.
al daz dehein man
zi buwe scolte haben
des ni heiz er nieht uber heuen,
man můs imez geben.
4190 In iegelicheme ambahte
sine stadile er rihte,
dar inne gihielte
daz chorn daz er sparite.
Siben iâr chomen
4195 al nah ein ander,
so die altistin iahen
daz si nîe bezzeriu gisahen
in aller slahte ginuhte,
deiz niemen gistetinin mahte.
4200 Chorn wart uber maze,
same wart obeze,
fihis niwesse niemen zale,
oles unte wines heten si wale.
Ioseph nieni tuelite,
4205 ê er sini stadele giladite.
er saminet iz gnote

4175 *nach* heilare *raum für ein bild.*   4192 dar] da er V.
4193 er irsparte V.   4194 iâr] iâr do V.   4199 deiz] daz V.
4201 obezes V.

ze dere chunftigen [90ᵇ]nôte.
er wesse wole wiez irgienge,
so dere iare wurt ente,
4210 daz er so uil nigihurte,
so ers bidorfte.
*D*iu sin scone chone
guan ime zuene suni.
den si guan ê
4215 den nant er Manasse,
chod nu ime got hate gigeben chint,
er ware alles leides irgetzit.
Den anderen sun hiez er Effraim,
daz er sach so uili siner wŭchere;
4220 chod wolte sin mendente,
daz ime si got hête gigeben in ellente.
Ich sage iu in war:
[91ᵃ]dŭ fure wurtin dei gŭten iâr,
dŭ bisaz diu erde,
4225 dane wolte nieht ane werden.
michil wart diu nôt:
daz fihi lag meistig tôt,
der hungir gîe uber al,
des liutes wart grozzer ual.
4230 Die aue ginárin,
zŭ deme chunige chomen,
si baten in helfin,
daz si nieni suwllen.

4210/1 daz ers so ne gehurte / so uil so ers bed. V.
4211 *nach* bidorfte *raum für ein bild.* 4212 *D*iu] *initiale*
fehlt. 4215 nant] hiz V. 4216 er chot V. 4217 ware
alles leides] hete in aller siner arbeite V. 4218 hiez] nante V.
4219 daz er] er was uil frô. daz er V. sah *nach* so uile V.
sines wucheres V. *D* ² *und V teilen* 4218 *in zwei verse* (sun /
Effraim) *und* 4219 *nach der lesart von V ebenfalls* (fro /
wŭchere). 4220 chod *bis* m.] er wolte sich menden V.
4221 ime *nach* si V. *nach* ellente *absatz.* 4222 in] ze V.
4227 meistig] allez V. 4229 ein groz V. 4231 si chwamen KV.
4233 nieni] niht V. gesvullen V.

    Er hiez si zi Iosebe faren,
4235 chod er scolt si biwarin.
    Ioseph hiez daz chorn dresken,
    lutzil machin zů eschin.
    er hiez iz guarlichen hantelon,
    diez scolten wantilon,
4240 den armen dirmite helfin,
    zi den richin firchŏffin.
    er forhte daz ime zerunne,
    durch daz was er dar obe so enge.
    ime warin michel sorgen
4245 ze den sibin iarin for geborgen.
    Der hunger sich breite
    in die werlt wite,
    er gîe uber al,
    daz liut starb unde gesual.
4250 nieman nedorfte sân,
    der iz ouch mahte geleisten,
    want ime negab daz [91ᵇ]felt
    noh sa sines samen gelt.
    Do daz Iacôbe chom ze mâre
4255 daz daz chorn in Egypto feile ware,
    ze sinen sunen er chod
    „wîe tût ir so, weri got,
    daz irs hungeres sulet chuelen
    noh daz chorn z Egipte newelt holen?
4260 ia ist iz da feile.
    faret gûter heile!
    ia habe wir scaz gnûgen,
    zuiu sule wir da bi sterben?"
    Si hûben sich al insament

    4235 er chot der V.   4237 zů e.] zezzen V.   4239 scolten]
wolten V.   4244 m. sorgei V.   4245 for geb.] uerborgen KV.
4247 so wite V.   4249 swal KV.   4250 sain V.   4251 der
iz ouh] derz ioh V.   4252 negab] ne galt V.   4253 *nach*
gelt *absatz, drei zeilen leerer raum.*   4254 daz *fehlt* KV.   ze
fehlt KV.   4255 egiptelande V.   4256 sunen] kinden V.
4259 in egipte V.   ne] niht V.

4265 unte furen in Egipte lant.
    Beniamin bestůnt heime
    sineme uater ze gŏmele.
    er forhte ime . etwaz gescahe,
    ub er fone ime chome.
4270 zu zime ern sazte,
    daz ern Iosebes irgatzte.
    Dů si ze houe chomen,
    zehen ire waren,
    da Ioseph unte herren sazzen,
4275 da buten si sich ime ze fůzzen.
    Vile skier ers irchante
    pi ire sprach iŏch [92ª]pi ir gewante.
    er fragte wer si waren
    oder wannen si fůren.
4280 Si sprachen si fůren fon Chanaan,
    waren sune eines man.
    Er nam es gŏme.
    dů daht er an die troume
    wie sunne unt mane
4285 fon himile fůren scone
    iouch einlif sternen
    ze sinen fůzzen sich naigten.
    Dů maht er in lonen
    des si ime taten.
4290 dů begund er si besůchen,
    ub iz si ieht wolte riuwen.
    Er chot in duht in ir gebare,
    si waren spehare,
    si wolten daz lant ferraten,
4295 er můse daz behůten.

4270 zime] im KV.   4272/3 Vvo si alle einleue / chomen
ze houe V.   *D²V geben hier und* 4316, 4318 *der lesart von* V
den vorzug vor WK.   4274 herren] andere V.   4277 pi ire
spr.] an deme gesprache V.   iŏch] unde KV.   pi ir] an deme V.
4278 fr. si wer si V.   4280 si fůren *fehlt* KV.   4281 unde
w. KV.   4282 es wole V.   4284 wie dev s. ioh der m. V.
4285 uuren uon h. shone V.   4289 des] svasso V.   getaten V.
4292 in ir] an ir V.   4293 si] wi si V.

Des puten si ir unsculde
nah siner hulde:
si chomen in daz lant
durh hungers geduanch,
4300 si chomen fridelichen,
nieht wichlichen.
Ioseph sprah dů
„des nist nieht so.
ir welt hie scowen
4305 wa ir dem lant muget gedrŏwen.“
Si sůhten sine gna[92ᵇ]de,
daz er in fername.
er geswîget in,
also sin gebaten.
4310 Der eine sprach dů,
die andern horten zů:
„Vnser sint zuelife
fon einem uater geborne
uz deme lante Chanaan,
4315 mach scehen du hortest iz nennen.
der sint zehene
in disme gademe.
Einer ist heime,
nimet sines uater gŏme.
4320 er was ime uile liep,
ern lien mit uns nieht.
unser ist nieht mere,
daz gelŏbe mir, herre.“
Ioseph in antwurte
4325 „irrichlich ist fur geuerte.
ich wil pewâren,

4296 Des] er V.   si *fehlt* V.   4297 al nah V.   4300 si
wæren chomen KV.   4303 des] daz V.   4305 muget *fehlt* V.
4308 geswîget] svicte V.   4309 sin geb.] si baten in V.
4310 Der eine] ir einer V.   4311 da zů V.   4315 mach sc.
du h. iz n.] waz ob duz etewenne hortest n. V.   4316 zehene]
einleue V.   4317 in disme gademe] hi in deme houe V.
4318 Einer] der zvelfte V.   4322 nist V.   4323 du mir V.

ub ir sit spehâre.
bi des chuniges gesunte
irne chomet uz deme lante,
4330 ê iur brûder der minnist
in disme lante ist.
Sentet einen dare,
daz er chome hêre.
ir sit in gebenten,
4335 unze wir daz irfenden
nbe daz war si
daz ter zuelfte da heime si.
Niwelt [93ª]ir des nieht tûn,
so pirt ir uz durh spehen chomen.
4340 Bi des chuniges gesunte
ir mûzzet in daz gebente."
Si heten michele chlage
in der ueste zuene tage.
Des dritten tages man si uz lie.
4345 Ioseph zû zin gie,
chod er forhte suntône,
want si waren in ellentûme.
ube si fridelichen waren dare chomen,
scolt in ieht ubeles da skehen.
4350 er sprach „ane gewariheit
ne chomet ir fone mir nieht.
[93ᵇ]Einen wil ich pinten
in den charchare finsteren,
ir andere uart heim,
4355 got gebe îw gût hêil!
fûret heim iwer chorn
unte ni lat îw nieht sin zorn.
Ist daz war
umbe iwueren minnisten brûder,

4338 Ni] e V.   4341 *nach* gebente *raum für ein bild.*
4345 zin] in KV.   4346 chod] unde sprah V.   4347 want]
durch daz KV.   4348 frideliche *nach* waren V.   4849 sc. in
denne da iht u. gesehehen V.   4350 er sprach *fehlt* KV.
4358/9 ist daz wâr daz ir einen wenigen bruder habet V.

4360 chumet er mir,
    skiere gedinget ir."
    Si taten als er gebot
    unte chlageten ire nôt.
    si mûsen wole iehen
4365 daz in rehte ware geskehen.
    si heten an ir brûdere garnet
    suaz [94ᵃ]in ware begagenet,
    dû si sîn angest sahen
    unt ime ne wolten gnaden,
4370 daz in nieht gie ze herzen
    sines ellentes smerze.
    Dû sprach Rubên
    der in ê wolte nerigen
    „Ditze saget ich îw, brûder,
4375 dû daz chint chom mûder
    mit gûten triuwen,
    dû garnotet ir dise riuwe.
    sehet, nu gat durh nôt
    uber uns daz sin unsculdige blût."
4380 Dû Ioseph ire rede fernam,
    er cherte sich hine dane,
    der amer inen duanch,
    daz ime der zaher ûzspranch.
    Er cherte sich wider zû zin
4385 unte hiez ir einen pinten,
    sinen brûder Simeon
    hiez er in die nôt tûn,
    ze ir aller gesihte
    tet ern in die ueste.
4390 [94ᵇ]Er hiez die secche alle
    tûn weizes folle,
    hiez fegliches scatz
    legen wider in sinen sach,

4360 er] ir V.   4361 *nach* ir *raum für ein bild.*   4363 ire]
under in ir V.   4366 si] wande si V.   4370 ginge V.
4377 garnot V. ir] ie V.   4379 daz *fehlt* V.   4384 zin] in KV.
4389 *nach* ueste *raum für ein bild.*   4392 er hiez KV.

Die altdeutsche Genesis.   9

hiez in ouch geben,

4395 daz si unter wegen scolten leben.
Dů si unter wegen chomen
unt den rossen wolten fůteren,
als einer ůf tet den sach
unte gesah daz sin scatz da lach,

4400 den anderen er sagete
daz er sinen scatz habete.
Dů siz gesahen,
uile harte si erchomen.
michel wunter si ginam,

4405 [95ᵃ]wîe daz scolte sin getan.
Heim chomen si zire uater,
er was chlage ablager,
nieht sine tualten,
ê simez allez gezalten.

4410 ouh sprachen si der herre
ders lantes phlage
er zige si zeware
si waren spehare.
„Wir sprachen fride brahten,

4415 neheines ubiles gedahten;
unser waren zuelfe
geboren fon eineme adele,
wir waren eines mannes sûne,
der minniste ware mit ime.

4420 Als er daz gehorte,
ze stet er uns drôte
wir nechômen uz deme lânte,
ê wir den minnisten besanten.
Ich ne weiz weder er sih es bedahte

4425 oder er iz tet nach râte:
er liez uns faren,

4394 er hiez KV. 4395 daz] des KV. 4398 also ir einer V.
tet *fehlt* V. 4404 nam V. 4405 *nach* getan *absatz.*
4407 er was chlage abl.] der uor alter was abl. V. 4409 siz
ime V. zalten V. 4410 ouh spr. si] si spr. V. 4418/9 wir
waren *bis* minniste *fehlt* V. 4424 es *fehlt* KV. 4426 liez] hiz V.

habite da Simeon din barn.
*I*n unser antwurte man ime bant
uile uast iewedere hant.
4430 dei ros man uns fazzote
mit weiz iouch [95ᵇ]mit prôte,
hiez uns mite geben
so diu ros meiste mahten getragen.
Daz urloub man uns gab,
4435 hiez uns niemer chomen in die stat
ân unseren brûder
der hie ware mit dir,
ube wir den gesunt wolten gehalten
iŏch Simeon losen uz den panten;
4440 unt ube Beniamin mit uns fûre,
er wesse denne daz wir newaren spehâre,
wir mahten daz lant denne sûchen
mit fride iŏch mit gnaden."
Dû si die rede feranten,
4445 ire secche sin bunten.
manniglich fant sinen chŏf,
als ern sach intlŏch.
zesamine si sâhen,
uile hart si irchomen.
4450 michel wunter si nam
waz ter got ûz wolte meinen.
Der uater sprach dû
uile parmichliche
„ir habet mich der chinde ane getan,
4455 daz mûzze got irbarmen.
Ioseph neweiz ich ware chom,
Simeon [96ᵃ]lît gebunten.
nu sol ich senten minen weisen
ze des ellentes freisen.

4427 unde habete V.   4428 *I*n] *initiale fehlt.*   ime]
in KV.   4429 *fehlt* V.   4432 er hiz V.   4435 unde hiz V.
4439 uz] uon V.   4440 er chot ube auer B. mit uns da*r*e
ûûre V.   4443 iŏch] unde V.   4445 ire] di V.   4447 int-
lŏch] indovch V.   4451 ter got] got dar V.

9*

4460 Ia, wench got der gûte,
    du be denche dise min nôte!"
    Dů sprach Ruben
    „du scolt mirn beuelhen,
    zuene mine sune
4465 gib ich dir wider ime
    zeslahenne oder ze ha*h*enne,
    ub ich in dir widere nebringe."
    Dů sprach Iacob
    „ditze irbarme dem almahtigem got!
4470 nu ist Ioseph tôt,
    diser eine mir bistûnt.
    geschihet im ſuweht unter wegen,
    so mûz ich den lîp irgeben,
    so mûz ich ſemer cholen,
4475 unze ich so uare ze der helle."
    Dů in uile nah zeran
    des si ê prahten,
    der uater sprach zin,
    zîu sine fûren,
4480 chǒften daz chorn,
    ê si des hungeres wurten florn.
    Dů sprach Iudas,
    als ime nôte was
    „wir nedurfen dar chomen
4485 ane Beniamin,
    du ne wellest [96ᵇ]dich unser aller darben
    umbe ſn einen.
    Wil du in mit uns senten,
    so mege wir wider heim wenten;
4490 er ne fare,

4461 dise *fehlt* V.   4462/7 *fehlt* V.   4466 habenne.
4469 dem] den V.   4473 geben V.   4479 ne] niht V.
4480 chovfen V.   4483 als ez ime V.   4484/5 *und* 4486/7
bei H je ein vers, also reimbindung Beniamin : einen. *in der
hs. ist zwar nur nach* chomen, *nicht nach* darben *punkt, doch
stimmen* V *und* K *zu obiger versteilung.*   4486 aller *fehlt* V.
darben] irbarmin V.   4489 wider *fehlt* V.

wirne chomen dare.
Der des lantes ist geweltich
der sprach zů uns ze leste
niemer mere gesehet ir mich
4495 au iuren brůder den minnisten."
Der uater weiz in,
daz si fermeldoten Beniamin.
Si sprachen waz si mahten tůn,
dů er si hiez fragen,
4500 welihes chunnes si waren,
ube si uater haten
oder ube si mêr
haten deheinen brůder.
„Wie mahten wir wizzen,
4505 ub er imen hieze bringen?"
Iudas sinen uater bat
er tâte iz durch got,
er beuulhe imez chint ze triuwen,
chod daz iz in niemer scolte geriuwen,
4510 ube ern ime widere nebrahte,
daz imez got zůsůhte,
ub er ime un[97ª]semft iz wort gesprache,
deiz got uber in rache.
„La in mit uns faren,
4515 la uns in uile wole bewaren.
Hâtest du in uns ê gegeben,
wir waren nu zuire chomen!
waz ist daz gůt,
ligent uns wîb unde chint tôt?"
4520 Dů sprach Iacob

4492/5 *überschlagende reime* (so *R*) *oder ein reimpaar*
(leste / minnisten)?   4493 zů uns *fehlt* V.   4494 ir *fehlt* V.
4495 den] der V.   4502 mer] inder V.   4503 deheinen]
einen V.   4508 imez] daz V.   ze tr.] in sine triwe V.
4509 er chot V.   daz iz in n. sc.] ez ne solte in nimer V.
4510 ne *fehlt* V.   4515 uns *nach* in V.   uile *fehlt* V.
4516 Hatest] *initiale fehlt.*   4518 ist dir daz V.   4519 wîb
unde *fehlt* V.   div kint V.   *nach* tôt *absatz.*

„nius also ist nôt,
nu tût als ir wellet,
suîe hart ir mich chuelet.
Ir sculet pringen
4525 deme herren ze minnen
des hîe wirt gnûge.
maksen daz ist ime seltsane:
wîrouch, honich unte wurze
iôch unser obeze.
4530 Nemet zuisken scatz,
so getriuwet man íu deste baz,
ub ir den widere bringet
den ir dannen fûrtet,
sone zihet man íuch untrîuwe
4535 noh irricheite.
Beniamin den wenigen
befil[97ᵇ]he ich ziuren gnaden.
got geruche den herren
mit gnaden zû ziu cheren,
4540 daz er mir laze wider heim
Simeon unt Beniamin.
Nu faret ir íuren sint,
nu pin ich ane chint,
nu scol ich mich lutzel gefrôwen,
4545 ê ich íuh alle mûz peskôwen."
Weinent er chuste
Beniamin iôch sine brûdere.
er beualch si gote
mit innerem gebete.
4550 Beniamin si dienoten,

4521 nius] nv iv des K, nu evs V.   also ist] ist also V.
4527 maksen] waz ube V.   daz ist *nach* ime V.   4528/9 wiroh
unde honec / ioh wurze ioh unserez obez V.   4530 zviual-
tin V.   4534 *H, D² und P¹ ziehen* untrîuwe *zum nächsten
vers.*   4535 irricheite] irretûmes V.   4536 wenigen] weisen V.
4538 ruche V.   4539 ziu] iv KV.   4541 unt] joh disen V.
4542 Nu] *initiale fehlt.*   4545 alle *fehlt* V.   ane beshowen V.
4546 er *nach* chuste K.

mit zart inen fûrten.
in Egiptum si chomen,
fore Iosebe gestûnten.
[98ᵃ]Also Ioseph sie unte Beniamin gesach,
4555 sinem amptman er zû sprach
„Leite mir dise in den sâl,
pehach mir die chemenaten al
unte, weri got,
gib uns genûch!
4560 ich wil ze mitteme tage
mit în wirtscaft haben.“
Dû ers in daz hûs prahte,
zu ein ander si sprachen
„durch den scatz
4565 der unseres unwizzenes in den sechen lâch
so wane man uns armen
hîe in nôt wil tûn.“
Si baten den chamerare
daz er in fername.
4570 er fernam in dû.
si sprachen ime zû
„Dû wir nahest hîe chôften
unte heim fûren
unt sahen zunseren secchen,
4575 dû funte wir unseren scatz licken.
daz scol got wizzen, uns ist unchunt
wannen er dar inchom.
den habe wir here widere braht,
daz sin niene bristet.
4580 unsern chorn[98ᵇ]chôf
habe wir braht ouch.“
Er antwurt in

4551 inen] si in V.   4553 *nach* gestûnten *raum für ein
bild.*   4554 Ioseph] er V.   4556 mir *fehlt* V.   4557 pehach]
unde beuach V.   4563 zu] ze KV.   4570/1 *fehlt* V.   4576/7 daz —
inchom] daz sol got wizzen wannen er chome daz wirz ne
wizzen V.   4578 here] so V.   4579/81 daz sin *bis* habe
wir braht *fehlt* V.

uile minnichlichen
„ir ne durffet íu furhten.
4585 fride si íu geheizzen.
*I*r scult pillichen haben
daz íu gerûchte got geben.
daz ir mir scatzes gabet
nieht ir mir des namet,
4590 den han ich gehalten.
got mûz íuwer walten."
*E*r leitte dar uz zû zin
ir brûder Simeon.
mit frôden si sich chusten,
4595 daz sin gesunten westen.
*I*re fûzze si dûgen,
fûter den esilen trûgen.
si hiezen uz legen
da si deme herren mite wolten geben.
4600 *D*û Ioseph ze deme hûs chom,
ire gebe si ime gaben.
si buten sich sûzze
zû sinem fûzze.
gnadichlichen sprach er zin,
4605 hiez si willechomen sin.
*D*anach er si fragte,
ub ire uater lebete,
ub er gesunt ware
oder [99ᵃ]wi er mahte.
4610 *S*i sprachen er lebete
unt sich wole gehabete.
„er ist wol gesunt,
hat dir gesentet sin trutchint,
unseren minnisten brûder,
4615 den er guan in sinem alter."

4584 íu] iv niht KV.   4586 *I*r] Er.   4587 got rûhte V.
4592 zû *fehlt* V.   4595 lebentigen unde gesunt V.   4599 *nach*
geben *absatz.*   4603 ze sinen fûzzen KV.   4604 zu zin V.
4605 er hiz V.   4613 unde hat V.   4615 *nach* alter *raum*
für ein bild.

Also Ioseph Beniamin gesach,
ich weiz er zin sprach
„Nu saget mir in war,
ist dizze iuwer minnister brůder?
4620 nu můzze dir got gnaden!"
er líuf fon in in allen gahen,
der amer in begund ane gen,
erne ma[99ᵇ]hte da nieht gestên.
die zahere in ane runnen,
4625 dů begund er uon in ílen,
er ílt ín die chemenaten,
unz er ime gnůch geweinote.
Daz antlutze er duoch
unte festinote sinen můt.
4630 hine widere er gíe,
zu dem mûse er fíe.
Er saz sunter,
sunter sine brůdere.
zu einer anderen wente
4635 sazzen die lant líute,
want iz wider zâme duhte,
âzzen Iuden mit heidiniskme líute.
Nach ir altere si sazzen,
sunterbâr azzen:
4640 der alteste an deme sedel heriste,
der minnist ze aller nideriste.
Si teilten daz prôt,
daz meiste wart deme nideristen,
Beniamin wart fínf teile mêre
4645 denne den anderen herren.
Si azzen unt trunchen,
unze si mahten scranchen.
Der uile gůte Ioseph
sinem amptmanne gebot

4617 zin] ime zů V.   4618 zeware V.   4621 *ein* in
fehlt V.   4622 in *nach* begunde V.   4626 ílt] líuf V.
4627 ime *fehlt* V.   4637 di Iuden mit den heidenisken líuten V.
4639 si âzen V.   4640 der heriste V.   4642 Si] Di V.
4647 screkken V.   4649 er gebot V.

4650 er fulte [100ª]des weizes die secche,
      so der meiste in mahte,
      unt leget ir iegliches scatz
      wider in sinen sach
      unt sinen silbrinen choph purge
4655 in des iungesten chorne
      unt ime doch sinen scatz
      legete forne in den sach.
      Also dû chom der tach,
      daz urlŏp man in gab,
4660 frô si dane fûren
      unte wole uerre fon dere burch chomen.
      er hiez den amptman
      in nach rîten.
      Als ers irreit,
4665 er sprach in manich leid.
      er chod „iâ ir helede,
      wie getatet ir so ubile,
      daz ir mineme herren so habet gelonet,
      daz irme sinen choph stalet
4670 dar uz spulgte trinchen
      unt in ne wonete liezzen?
      Ir habet ubele getan,
      iz scol [100ᵇ]îu suare ir gan."
      Vile harte si irchomen,
4675 sprachen daz si des unsculdich waren.
      „den scatz den wir funten,
      dû wir unsere secche enbunten,
      den brahte wir widere
      ze mines herren chamere.
4680 dû sprache du hetest den dînen,
      hiez uns gehalten,

    4657 f. in den] uon in sinen V.   4661 fon dere burch]
dannen V.   4662 er] Iosep V.   4663 *nach* rîten *absatz.*
4664 Als ers] Also se er V.   4666 er chod *fehlt* KV.   4667 ir ie
so KV.   4670 dar] da er KV.   4671 unt] ioh V.   4672 *Ir*] Er.
4675 si sprachen KV.   si des] sis V.   4677 enbuten.
4680 du *vor* hetest *fehlt* V.   4681 unde hize in uns V.

ube uns hete got ieht gegeben,
du ne woltest des nieht phlegen.
Wie mahte wir denne iemer so getůn,
4685 daz wir da widere buten solich lôn?
In sues sacche
der selbe chopf stecche
den slahe oder hach,
wir sin dine scalche da nach."
4690 *Er* chod „des ne wil ich nieht tůn.
den sculdigen wil ich ze scalche haben,
den wil ich cholen,
die anderen faren dare si wellen."
Dů man die secche enbant,
4695 in des iungesten sacche man in fant.
er [101ª]fien bi der hant,
ie doch er niene bant,
er chod fon rehten sculden
sines herren scalch můse sin.
4700 Allez ire gewate si zarten,
uil parmichlichen erhariten
„so wê uns wenigen,
daz uz chom Beniamin!
wanne ware wir all er slagen
4705 unte můse dich din uater haben!"
Daz chint stůnt, weinote,
want for leide die hente.
iz wante niemer mere
gesahe sinen lieben uater.
4710 Si uazzoten die esile,
cherten hine widere
mit riuwechlichen gebaren.

4682 hete *nach* got V. 4683 des] sin V. 4684 denne
fehlt KV. 4690 *Er] initiale fehlt.* Er chod *fehlt* V. 4693 *nach*
wellen *absatz.* 4697 er in nine KV. 4698 sculden] sculden
sin V. 4699 můse er sin V. 4700 Alle si ir gewant z. V.
4701 harten KV. 4706 weinente V. 4709 gesahe s. l. uater]
sinen bruder gesahen V. *nach* uater *absatz.* 4711 und
cherten KV. 4712 gabaren.

si forhten daz si iŏch daz chint florn waren.
[101ᵇ]Dů giench Iudas,

4715 da Ioseph was,
die anderen alle nach ime,
ire rede peuulhen si ime.
Si giengen Iosebe ze fuzzen,
paten sich ze rede lazzen.

4720 Er chod „war dahtet ir,
daz ir ieht stalet mir?
iâ nemach mir niemen nieht genemen,
daz iz mege sin ferholen.
Mir nist niemen gelich

4725 an liezzenne des phlig mich.“
Iudas sprach dů
mit riuwigem mûte
„Waz mege wir da widere?
uns ist geskehen uil ubile.

4730 wir pirn durch sunte
chomen in dise scante.
Nu pir wir alle din,
dane mege wir zů gesprechen,
sam wole wir

4735 sam der den choph stal dir.“
Dů chod Ioseph
„des netûn ich nieht.
der mir den chopf nam
den einen wil ich hân.

4740 farit ir ungescantte
zů iuwereme lante,
saget iuwereme uater
wie hat getan iuwer brûder.“

4713 forhten] wanten V. si iŏch *fehlt* V. ware V.
nach waren *raum für ein bild.* 4720 Er chod] Iosep sprah
do uil ureislicho V. 4722 niemen] minen V. genemen]
uirstelen V. 4724 gelich] lizzenest gelich V. 4725 an l.
des phl. mich] uur war des phligen ich mich V. 4730 sunte]
scante V. 4734 sam wole wir *fehlt* V. 4739 einen *fehlt* V.
ich hi behaben V. 4741 heim ze l. K, heim zevwerme l. V.

Iudas dar nahere trât,
4745 uil demûtech[102ᵃ]lichen er in bat
daz er durch sine gnade
im ein lutzel fername.
Er gestatte ime des.
waz tûr nam in des?
4750 *D*û chod Iudas
trûriges mûtes
„*D*û gerûchtest uns fragen
ube wir uater hiettin
oder ube wir heten mer
4755 da heime deheinen brûder.
Wir sprachen heten einen alten uater
unte einen lutzelen brûder
den er in sinem alter gewan,
sin brûder newizzen wir ware chom.
4760 er ist sineme uater uil liep,
er nelat in uone ime nieht.
*D*û hiez du dirn bringen
ze gnaden iôch ze minnen.
dû sagete wir dir, herre,
4765 wie liep er ime ware.
er heten fure die mûter
iouch fure den brûder,
er ware ime so zart,
daz er in neliez in deheine uart.
4770 *D*û sprache wir nedorften mere here chomen,
wir newolten in mit uns nemen.
*D*iz allez wir zalten
unsreme uater [102ᵇ]alten.
er tet chlage gnûge
4775 daz wir des chindes hîe geuẘgen.

4749 tûr] tvêr V.   4750 *D*û] *initiale fehlt.*   chod]
sprach KV.   4752 uns ze fr. KV.   4756 wir spr. wir h. V.
4757 lutzelen] wenigen V.   4759 ware *fehlt* V.   4760 er]
Der V.   4768 ware] ist V.   4769 nelize V.   in deh. uart]
necheine uare V.   4772 *D*iz] *initiale fehlt.*   allez *nach*
wir V.   4773 u. deme alten V.   4775 hîe] ie KV.

Danach hiez er uns faren
nach der lîbnare.
Wir sprachen negetorsten
mere daz lant gesûchen
4780 noh chomen in diniu ougen
uber lût noch getŏgen,
mit uns nefare daz chint.
leider ubile sint nu chomen siniu dinch.
Vnser uater begunde truren,
4785 dû zûgiengen ime dise riuwe.
Er chod «îu ist wole chunt
daz mir min wib gvan zuei chint,
den einen ich uz sante,
niemer er wider ze mir wante.
4790 ir sprachet in ein tîer frazze,
sinen roch an deme uelde liezze.
ich ne gesach in nîemer mere,
daz irbarme dir, trehten herre!
Nemet ir mir ouch disen
4795 unte geskihit ime ieht unter wegen,
sone lustet mich mere leben,
so mûz ich chlagente [103ᵃ]den lib irgeben,
so mûzzen mine grawe
weinente faren zungnaden.»
4800 So ich in nu skierist gesihe
unt ime sin chint nieht widere gibe,
so hart er an in ist fer cholen,
ê ich' in denne sahe cholen,
michel lieber ist mir
4805 daz ich femer diene dir

4779 sûchen V.   4780 in] undir KV.   4781 tŏgen KV.
4782 nefare] ne uûre KV.   4785 do gingen ime zu V.
dise] sine V.   *nach* riwe: unde sprah uil chume uber maht V.
4786 Er chod *fehlt* V.   4787 mir *nach* wip V.   4789 **wider**]
ne widere V.   ze mir *fehlt* V.   4790 in] daz in KV.   4791 **uelde**
fehlt V.   4793 trehten] got V.   4796 mich *nach* mere V.
ze leben KV.   4797 geben KV.   4800 nu *fehlt* V.   **gesihe**]
anesihe V.   4801 gebe V.   4802 er an in *nach* ist V.

unt si in ellente
denn ich chome ze lante.
mir ware lieber unter der erde
denne er in deme amer irsterbe.
4810 Ich nam en in mine triuwe,
des mûz ich femer sin in riuwe.
uon unseren sunten
pir wir worden ze scanten.
die triuwe nemag ich geleisten,
4815 die mûz got ane mich eisken,
daz ich in uz prahte
zuo dirre note.
Sîn iôch des uater mûz ich rede geben,
so got gebiutet uber min leben,
4820 dirne sente got ze mûte
daz tuz tûst durch dine gûte
daz tu mich habest ze schalche
zeineme fe[103ᵇ]welichen tage werche.
Tû mir al daz tu wellest,
4825 daz tet in hîe niene chuelest.
laz in heim,
ich pin femer gerne din sue in.
nieht ist des ich mich scame,
et du gnadich pist ime.
4830 wildu in lazzen ze lante,
ich lide femer diz ellente."
Dû mahte Ioseph
sich langere pehaben nieht,
er hiez ime intwichen
4835 die uor ime stûnten,

4811 femer *fehlt* V.   4812 durch unsere sunte V.   4814 die
fehlt V.   4818 iôch] unde V.   4818 *und* 4819 *bei* P¹ *nach*
uater, bzw. gebiutet *in reimpaare geteilt.* W *hat nach beiden*
wörtern punkt, V *dagegen nicht; auch* K *faßt* 4818 *und* 4819
als je einen vers.   4820 got daz ze m. V.   4825 tet] du KV.
4827/8 pin *bis* des ich *fehlt* V.   4829 et] ob V.   4831 *nach*
ellente *raum für ein bild.*   4832 Dû] Tû. Done V.
4833 pehaben] enthaben KV.   4835 die] di da V.

daz niemen dane wâre
der sahe îr gebâre,
sos ein ander er chanten,
wîe si sich manten.
4840 [104ª]Ioseph wûft unt weinôte
mit amarigem mûte,
deiz alle die horten
die da fore stûnten.
Er sprach ze sinen brûderen
4845 uile minnechlichen
„Nune furhtet îu nieht!
ich pin iz Ioseph.
nu saget mir rehte
mînis uater mahte,
4850 ub er lebe
oder welich sîn sine hêbe."
Si irchomen so harte,
daz sine gewîelten ire worte,
Ioseph hiez si nahere gen.
4855 er wolte si mit gnaden bestan,
er chod iz Ioseph ware,
Iacobes sun der altêre.
„Nune furhtet îu nieht
noh nemissedunch îuch nieht,
4860 want iz wolte got,
daz irne laget tôt.
Iz sint zuêi iar
daz ane gîe diser hunger harewer.
noh ist er finf iar,
4865 daz ist al zoges war,
so niemen eret

4837 îr] sine KV.   ungebare V.   4839 si sich danne m. V.
4841 amarigem] riwegme V.   4844 ze] zû V.   4851 odir
wilch si sin gehabe V.   4852 so] uil V.   4857 Iacobes
(*auch* K)] Rachele V.   *nach* altere: deme ir den roch abestroufet
unde in egytelant uirchovftet V, *fehlt* WK.   4859 missedunch]
missehabet V.   4862 Iz sint] Des sint nu V.   4863 harewer
fehlt KV.

noh sât noh nieht insnidet.
Vmbe daz hat got des gedaht
daz er mich here fure gesentet hât,
4870 daz ir werdet pehalten
unt daz ez[104ᵇ]zen hîe muget chöffen.
Iz was fur fille
unt was aue gotes wille,
der daz fûchte
4875 daz mich der chunich ze uater hîete
unt al ditze lant
gâb in mine hant.
Nu flet,
neheine wile tualet!
4880 ir sculet mineme uater sagen
daz er nieht nedarf chlagen,
daz ich noch lebe.
pringet im ouch mine gebe
unt daz mich got hât getân
4885 alles disses hertûm.
Saget im ouch daz er mir chome
mit al siner hebe,
haizze siniu hîen
sîn fihe mit triben,
4890 daz er unt siniu chindahe
deme hungere inphlihe
noch ime daz fihe florn werde
an der umbarigen erde,
daz er der finf iare nôt
4895 diu nu zûgat
uber winten mege,
er unt alle die er habe.

4867 noh ne sât V (*von D² zum vorausgehenden vers ge-*
zogen). nieht] niman V.   4868 Vmbe] durh V.   4871 ezzen]
chorn V.   4872 fille] wille V.   4875 hîete] bate V.   4879 ir-
tvalet V.   4885 hertûm] landes herren V.   4886 ouch
fehlt V.   4887 gehebe V.   4889 mit ime V.   4891 in-
phlihen V.   4893 an] in V.   4894 not] noh V.
4895 zugent V.

Saget ime alle min êre,
daz er neweine me[105ᵃ]re,
4900 daz ich noch lebe.
pitet in daz er sich wole gehabe,
er scol alles des leides irgezzen
des er sich nu lange hât frezzen."
Dů er daz fole redite,
4905 Beniamin er zů ime habete,
an den hals erme fiel,
manigen zaher ob ime lîe.
eine andere si chusten,
duwngen sich zesamene mit den brusten.
4910 Ioseph der luste
albe sunter er si chuste.
er nilîe dar neheinen unter,
er nebeweint in unt chustin besunter.
Dů ne forhten si in mere,
4915 dů wurten si uile here.
skier uber al fůr
daz chomen waren Iosebes brůder.
[105ᵇ]Dů Ioseph mit in ze houe gîe,
der chunich si uile wol inphîe.
4920 er wart uile frô
solehere helide.
si waren lussame chnehte,
si waren gůtere slahte.
uile wole er si hantilote,
4925 irgazte si aller nôte.
Ioseben er bat iŏch gebot,
daz můs er tůn durch nôt,
er hiez sine brůdere uarn,
haln ir uater iŏch ire barn,
4930 daz ouch im chome

4899 mere] ni mere V.   4902 des] de. *fehlt* KV.   uer-
gezzen KV.   4903 *nach* frezzen *absatz.*   4907 ob] er ob KV.
4909 duwngen] si uingen V.   4912 dar] da V.   4916 fůr] iz
fůr V.   4917 *nach* brůder *raum für ein bild.*   4918 mit in]
hin V.   4922 lussame] gůte KV.   4925 er ergezzot KV.
4930 ovh *nach* ime V.

suaz der chunniskefte ware,
er wolte in des lantes geben,
daz si femer mit eren mahten leben.
Er hiez in [106ª]geben wagene
4935 mit gůte geladane,
da man uffe fuorte wib unte chint
iŏch anderen gesint,
daz hinter in nieweht bestuonte
deheiner ir gewate,
4940 sine fůrten si mit în
dar in Egiptum.
Ioseph was lieb daz erz ime gebôt,
unt neware doch des gebotes pornot,
er frumete doch gern ir gefůre,
4945 tet iz aue sus deste sicherere.
des was ime michel êre,
daz si so zů zime ladete sin herre.
Ioseph sinen brůderen gebete
mit sabeninere wate,
4950 fegilicheme zuei padguvant,
so man si bezzest da uant.
Beniamin gab er finfîu
iŏch zehen skillinge,
silberin si waren,
4955 ich ne weiz waz si wagen.
iz ne duhte mich poregroz,
gebete mir dar mite ein mîn gnoz.
Sineme uater er sante

4931 der chunniskefte] des chunnes V.   4936 fuorte]
furhte V.   4938 in *fehlt* V.   4940 si mit în] iz insamt V.
4941 dar *fehlt* V.   egiptenlant KV.   4942 in uil lib V.   er
imez V.   4942 ff. *teilt* D^2 *für* V *die verse anders*: lib / gebot;
pornot / doh; gefůre / gerner.   4943 doch *fehlt* V.   4945 er
tet V.   sicherere] gerner V.   4946 des] daz V.   ime] in V.
4947 zime] ime V.   *nach* herre *absatz*.   4948 Ioseph s. br.]
Sineme bruder er V.   4949 sabener V.   4953 zehen skillinge]
drevhundert phenninge V.   4958 Sineme] Eineme.

[106ᵇ]sam uile scatzes iŏch guant.
4960 Vf zehen esil er lût
uile manigslahte gût
des egiptisken richtŭmes
hine heim ze rûme.
sam manigen fazzet er mit wiste
4965 ze dere heim uerte friste.
Dŭ irlŏpt er in,
hiez si uaren mit minnen,
daz si niene *piegen,*
ê si heim chomen.
4970 Frolichen si fûren,
heten Beniamin sam ire herren.
michele wunne
hine heim prungen,
mit mandungen
4975 fûr den uater giengen.
[107ᵃ]*I*vdas sprach ime zŭ
uile frolichen
„Herre uater gûte,
wis mit gûtem mûte!
4980 dir inbôt din sun Ioseph
er ne ware noch tôt nieht.
er ist uber al Egiptelant
ein fiztŭm gualt.
geweltichlichen er phleget
4985 al des ter chunich habet.“
Also Iacob daz gehorte,
ime was same er eines trŏmes irwachete.

4959 iŏch] unde also uil V.   gewantes V.   4965 heim-
ueste V.   4967 unde biz V.   4968 niene *piegen* (V)] niene
phlagen. andirs niht phl. K.   4969 *nach* chomen *absatz.*
4971 unde heten V.   4973 hine] si V.   brahten KV.   4974 mit
micheler mandunge V.   4975 fure ir uater si g. V.   *nach*
giengen *raum für ein bild.*   4976 Ivdas] *initiale fehlt.*   Ir
einer V.   ime zŭ] do V.   4977 ime vil fr. zŭ V.   4981 tot
nach niht KV.   4983 gualt] unde hat gewalt V.   4985 hebet V.
4987 same] als V.

erne gelŏpt is nieht,
iz was im ïedoch uile lïep.
4990 Von erist si ime sageten,
daz sis nieht uber heueten,
wïe si Ioseben bestrŏften,
ze den chaltsmiden ferchŏften,
wïe ime got ferlêch
4995 daz er in Egipto furgedêch,
daz er trût ware des chuniges,
meister alles sines gedigenes,
wî uber churz iŏch lanch
ime unter tân was daz lant
5000 unt in der chunig pâte
er chôm ime mit al dïu er hete,
mit wiben iŏch mit chinden,
mit allen ir dingen,
er [107ᵇ]wolts in sin me riche
5005 bestiften frumechlichen.
Dû Iacob die wagene gesach
unte al daz ime sin sun gab,
dû begunder wider leben;
er was uil nah bechliben
5010 nah sinen chinden weinente,
alzane amerente.
Er chod „nune pit ich es paz,
nu ich gelebet hân daz
daz min sun Ioseph
5015 noh nist tôt nieht.
nu wil ich dare farn,
sehen mîn lïebez parn
unte wil frô sîn,

4988 lovpte V.   4989 iz — ïedoch] doh was ez ime V.
4992 Ioseben] in V.   4995 uurdech V.   4996 ware] ward KV.
4998 wî] wi ime V.   iŏch] unde uber V.   4999 ime *fehlt* V.
was] ware V.   5004 sinme] mineme V.   5005 frumechlichen]
richlichen V.   5011 alzane amerente] allez ane merente V.
5012 er chod *fehlt* V.   5013 han gelebet V.   5015 noh] nu V.
tot *nach* niht V.   5018 frô] uil fro V.

nu ich lebenten weiz în."
5020 [108ᵃ]Iacob fazzote
al daz er hête
ûf ros unt esile,
chint unte wib ûf wagene,
fihe hiez er mite triben,
5025 er nelie nieht heim beliben.
Sine sune mit ire chonen
iŏch mit allen ire heben
fŭren in Egiptum.
da besazzen si michelen richtŭm.
5030 Dŭ Iacob unter wegin chom,
des nahtes ime got harn began.
Iacob chod „hîe pin ich.
wer wil mich?"
„Nu gelŏbe mir iz, Iacob,
5035 ich pin dines uater got.
niene furhte du dir!
[108ᵇ]ich far in Egiptum samet dir,
ich mache dîn after chunft
da uil wîtene chunt.
5040 Mit dir far ich dare
unt wider bringe dich aue hêre.
Ioseph obe dir gestêt,
so dir diu sele uz gêt,
din ougen er luchet;
5045 sor dîn mer nebruchet,
wider heim dich fŭret,
mit der erde dich petrôret,
da du dir selbe leger grŭbe,

5019 1. weiz în] in weiz lebentigen V.　*nach* în *raum*
für ein bild.　5022 unt] ioh V.　5023 uf di V.　5026 chonen]
chomen V.　5027 geheben V.　　5029 *nach* richtŭm *raum*
für ein bild.　5032 Iacob] er V.　5034 iz *fehlt* V.　5036 du
fehlt K V.　5037 samet] mit K V.　5041 dich] ich dich V.　aue
fehlt V.　5045 merne] nimere V.　5046 er dich K V.　5047 er
dich K V.　　petrôret] bedechet V.　　5048 selben V.

ê du dich dannen hûbe."

5050 Iacob unt die mit ime fûren
aller samit sibinzich waren.
si fûrten in Egiptelant
mit in fihe iôch gvant.
Iacob fure sante,

5055 daz man iz Iosebe chunte
daz er unte alle sine friunt
waren chomen in daz lant,
pat daz ern gesahe
in deme gûwe Gesê.

5060 Ioseph sa dar reit,
mit ime manich rîter gemeit.
sinen uater er ane lief,
er was [109ª]ime uil lieb.
An den hals erme uiel,

5065 manigen zaher ob ime lie,
er chuste ín uil dicche
unt sûfte ob ime ôfte.
Dû sprach Iacob
ze sineme sune Ioseph

5070 „nu ich dich gesehen han,
nu wil ich frolichen sterben.
nu ich dich lâz after min,
des lobe ich dich, trehten."
Dû sprach Ioseph

5075 zû sinem uater Iacob
„Ir sculet hîe biten,
ich wil widere ze deme chunige rîten,
wil ime zellen
allen dinen willen,

5080 du sist chomen zû sinen gnaden

5049 ê] da V.   dannen] heimen V (*von V der lesart* WK
vorgezogen).   5051 aller samt ir s. w. V.   5053 iôch] unde KV.
nach gvant *absatz.*   5055 iz *fehlt* V.   5058 er pat V.
5060 Ioseph] *aus* Ioseb *gebessert.*   5065 maneger V.   er ob KV.
5066 uil *fehlt* V.   5069 sineme] deme guten V.   sune *fehlt* V.
5072 after] hinder V.   5077 wil *bis* riten *fehlt* V.

mit chinden iŏch mit wiben,
wie man al din ſihe
hêre mit dir tribe,
daz nieht diner gwante
5085 si bestanten da ze lante.
Swênne er ſuch fordere
unt iuch frage
waz ir chunnit dienen
oder waz ir ſpulget tŭn,
5090 so sprechet
anderes werches [109ᵇ]niene spulget,
ir sit uon chintheite guon
mit deme ſihe gen;
suer wole chunne den list
5095 daz der unter ſu si der tſurist.
Daz chodet fon dîu
daz sine mŭn ſuch,
daz ir mit gnaden
in disme gouwe muget rawen,
5100 want in widerzame sint
die des ſihes hŭttent,
si sehent si ungerne.
dannen skeidet ſuch fon in uerre,
daz ir ſuch ê meget pigen,
5105 daz sis nieht firstên.
Hſe ist daz lant allerbezzest,
da wil ich daz irz besitzit.
ir sculet ſurer ſihe hŭten
same ſure fordrin taten.
5110 daz newas ſu heim nehein scante,

5085 si — lante] daheime si bestanten V.   5091 daz ir
anders werches ne phleget V.   5092 guon] gewenet V.
5093 deme *fehlt* V.   5095 daz der] daz er V.   5097 sine
mŭn] si nemen V.   5099 rawen] puwen V.   5103 skeidet
ſuch] sceident si evh·V.   5104 ê] hi V.   meget *fehlt* V.
5105 sis e niht V.   5107 da] daz V.   irz] ir V.   5108 ivres
uihes KV.   5109 same] also V.   5110/1 *bei D²* (*Josef* 844/5)
zwei reimpaare heime: (*mit umstellung gegen* V. sc. neh.) nehein

suîez dunche scante in disme lante."
Ioseph deme chunige sagete
welihen zîuch sin uater habete,
er wâr in [110ᵃ]deme gŏwe Gesê
5115 mit allem sineme gesinde,
er wolte da bîten
waz der chunich uber in wolte gebieten.
Er hiez in ime chomen,
er wolte in gisehen iouch fernemen,
5120 er ware ime uile lîeb
durch sinen sun Ioseph.
Zi stete er in besante,
einer nach ime rante,
pat in daz er chome
5125 deme chunige sliume.
Iacob iouch sine sune
uile drate chomen si ime.
der selbe altiskche
was ein êrlich rêche,
5130 er hiez die sune mit ime gên,
er gîe fur den chunich stên.
iewedir halp sehse
stûnten die herren so lûste,
si waren alle êrlich,
5135 in newas da nieht gelich,
als ime si got het irchorn,
want er wolte uon in werden geborn.
[110ᵇ]Der chunich hiez in sin willechomen,
sam tet er die sune.

---

und scande (*ergänzt aus* W): lande.   5111 suîez] svi so es V.
scante *fehlt* V.   *nach* lante *absatz.*   5113 zîuch] gezevc V.
5114 Gesê *fehlt* V.   5117 *fehlt* V.   5124 pat in] si baten V.
5125 sliume] uil shire V.   5128 alticche V.   5129 êrlich]
wolgetan V.   5131 er gîe] unde V.   5132 sehse] sin V.
5133 stunten *in* V *reimwort des vorausgehenden verses.*   so
lûste] uil schone V.   5135 nieht] nimen V.   5136 ime si]
si ime V.   5137 want *fehlt* V.   er] der V.   *nach* geborn
raum für ein bild.   5139 di sin sune V.

5140 er fragte waz si chunden wurchen
oder wîe si ime wolten dienen.
durch ire watliche
wolt er in geben ambahte riche.
Si sprachen niehtes spulgtin
5145 ne war ire fihi haltin,
sprachen gerne ze sîte haten
daz ire forderen taten,
baten si mûsen bisten
in dere marche Gesên.
5150 Der chunich sie werte,
des ir uater gerte,
da daz [111ᵃ]lant pezzeste pâre,
deiz ire were.
„daz îu pezzist liche
5155 da besitzit diu riche."
Iacob duht den chunich in sinen gebaren
ein geistlich mân.
Dû fragte er in uon sineme âltere
wîe uile siner iare ware.
5160 Er chod nieht altere ware
newane zehenzig unt drizzig iare,
sprach dei so gilebet nehête
in decheiner slahte gûte,
daz er so alt wurte
5165 so er scolte uon geburte.
Dû si uol redeten
des si bede gezam,
Iacob gnadet deme chunige
unt beualch in gote mit sineme segene

5140 werchen V. 5141 ime] in V. 5144 niehtes] daz
si nihtes V. 5145 fihi] uihes V. 5146 spr.] si spr. daz
si V. haten] *aus* haben *gebessert.* 5148 si baten daz si (K)V.
5149 ze iesse V. 5150 sie] so V. gewerte V. 5154 pezzist]
aller beste KV. 5156 dnht] in duhte V. den (KV)] der. den
chunic *nach* gebaren V (*von* D² *in den nächsten vers gezogen*).
5158 in *fehlt* V. 5160 nieht altere] daz er niht alter ne V.
5162 sprach] er chot V. 5165 *nach* geburte *absatz.* 5166 si]
si do V.

5170 unt nam urlŏp,
  gîe zŭ sineme sune Ioseph.
  der gab ime al des gnŭg
  des derde par oder trŭch.
  da daz lant pezziste was,
5175 mit sinen sunen er daz pesaz.
  Vone tage ze tage
  [111ᵇ]merot sich des hungeres chlage.
  suaz taz lîut scatzes hête
  ze Ioseph iz in prahte,
5180 umbe daz chorn sî imen gaben
  fern unte nahen
  uber al daz riche.
  des wart des chuniges chamere uil riche.
  Dŭ si mere scatzes neheten,
5185 ire fihe si prahten,
  rinder unt scâf,
  esil unt ros danah.
  daz iar ers darumbe
  fŭrote uile chûme.
5190 [112ᵃ]Do daz iâr hine chom,
  Iosebe si zŭ sprachen
  er lieze ime irbarmin
  daz si uil armen
  neheten fihi noh scatz,
5195 er hulf in etwaz:
  in niware nieht bestanten
  in scaze noh gewante,
  sine heten nieht mere
  newan des lîbes unt der erde,
5200 er name dei zime,

5175 mit s. s. er daz pes.] Iacob mit s. s. ez besaz V.
nach pesaz *absatz.* 5179 ze I. iz in pr.] den pr. ez ze
Iosebe V. 5180 sî imen] si in V. 5181 unte] ioh V.
5183 *nach* riche *absatz.* 5184 ne *vor* mere V. 5188 ers]
er V. 5189 furte si V. *nach* chûme *raum für ein bild. auf*
blatt 112ᵃ *sind außerdem noch die ersten drei zeilen leergelassen.*
5192 ime] in V. 5198 nieht] ni V. 5200 zime] zame V.

        cherts in des chuniges frume,
        si wurten selbe sine scalche,
        gab in dei eigin zů siner gewelte,
        ub er si generte
5205 unt die erde mit samen bewarte.
        waz daz gůt ware
        ube diu erde wurt umbare
        unte lange lage wůste
        ze heineme troste?
5210 Er lîe si selben frî bisten,
        er ni wolt ire ze scalchtům.
        iz duht in sunte,
        die er frî funte
        ub er die ze scalche tate
5215 durch dehein ire nô[112ᵇ]te.
        Er wolte si giwielten ire,
        so der hunger wurte fure,
        daz si denne fridelichin
        mahten ire dinch weruen,
5220 daz ir ieglich gnůch giwunne,
        ub in niemen neduvnge.
        Şuer ime bôt daz eigen,
        den newolt er nieht werigen.
        er chỏft in des chuniges gualt
5225 die ere manichfalt,
        uon des lantes ente
        chỏft er iz al ze des chuniges hente.
        Dei die phaffun
        iener ane wuntin
5230 dei in gilazzin waren
        uon des chuniges gnaden,

5201 cherts] unde chertez V.   5205 samen] samt ime V.
5208 lange *fehlt* V.   5209 ze neheineme V.   5211 ire] ir
niht KV.   ze scalke tun V.   5212 iz] Diz V.   5218 frilichen V.
5219 mahten] *von H und P¹ als reimwort zu* 5218 *gezogen.*
die hs. hat weder nach fridelichen *noch nach* mahten *punkt.*
5223 den] des V.   werigen] weigeren V.   5227 *nach* hente
absatz.   5228 Dei] *initiale fehlt.*   5229 wuntin] *H* wurtin,
ihm folgt P¹ trotz D¹ anm. zu gen. 104, 18.   5231 des] den V.

dei newolt er chŏffin,
den hiez er helfen
mit nare iŏch mit samen,
5235 daz si die not ubirchomen.
Ioseph sprach dŭ
zŭ deme lîute
„Nu allez iur gŭt
in des chuniges giwalte stat,
5240 nu nemet samen,
daz diu erde mege wŭcheren.
Suaz chornes werde iu
daz teilit in fin[113ª]fiu;
daz finfte scult ir geben
5245 ze des chuniges houen,
mit den uîeren
scult ir iuch unt iurîu chint fŭren
iŏch iurîu hîwen,
daz si nieht bichliben.“
5250 Gŭt duht si daz gedinge,
si antwurtin ime mit mandunge
„Wir sehen daz al unser gnist
in diner hant ist.
nu gerŭche du unsich anescŏwen,
5255 wir dienen deme chunige mit frŏden.“
After diu waren si guîs
alles ire lebenes.
Ioseph si so prahte
uz dere hunger iare nôte.
5260 Vone diu unze in ewig
ist der zins fertig,
daz ieglich man
gît abe sineme eigen
daz finfte teil siner chorne
5265 zi des chuniges urbore.
die sint uz ginomen

5233 er] er sus V.   5242 Suaz] Svasso V.   5245 houe V.
5251 mit] in V.   5254 ruche V.   5260 Vone diu (V)] Sone
dŭ.   5261 so ist V.   5262 ieglich man] manneclich V.
5266 uz] ouh vz V.

die in phafheite leben.
so stûnt iz bi den heidinen,
ich neweiz ub iz die christane so meinen.
5270 Iacob unte sin chunne
[113ᵇ]was da in michilere wunne.
got in irgazte
manegere grûzze.
er hete salde unte framspût,
5275 aller erone gnûch.
erne mahte selbe wizzen
welihin richtûm er het bisezzen.
so lebet er da
daz frist sibinzehin iare.
5280 Dû er dû ferstûnt
daz ime nahot der tôt,
dû hiez er ime giwinnen
Ioseph sinen lieben sûn.
Uile skier er ime chom.
5285 dû begund er in bitten,
daz er ime ie gûtes getate
daz er iz an dîu gestatigote,
sos er sturbe
daz er in da nieht pewlhe,
5290 daz er in uz deme ellente
fûrte ze lante
unte inen bigrûbe,
da sin uater iôch sin âne lage.
Von ime erni lîez,
5295 ê er imez uile uaste gihiez,
noh nemahtes [114ᵃ]sich irwerigin,

5269 noh di cr. m. V.   *nach* meinen *absatz.*   5270/1 *fehlt* V.
5278 so] Do V.   da] dare V.   5279 sibinzehin] sibenzec V.
nach iare *absatz.*   5280 er dû] Iacob V.   5286 er *fehlt* V.
ie *fehlt* V.   5287 iz] daz V.   gestâte V.   5288 sos] so V.
irsturbe V.   5289 da nieht] in egypte nine V.   5290/2 *MR:*
fûrte *reimwort zu* 5290, zelante *beginnt vers* 5292, *also drei-*
reim fûrte / bigrûbe / lage.   5293 iôch] unde V.   5294 erni]
er in nine V.   5295 uile *fehlt* V.   5296 ne mohte sich des V.

erne mûs imes suerigen.
Dû Ioseph gesach
sines uater ummaht,
5300 dû nam er zu ime
zuene sini suni.
zû sinem uater er gîe,
uile wol er inphîe.
an daz pette er gisaz,
5305 Iacob ze Ioseph sprach
„Dû ich bigab min heim,
der almahtigot mir irskein,
mich selben er wihte
unte alle die chomen uon mineme lîbe.
5310 uone dîu wil ich
daz dine sune erlich
Manas[114ᵇ]ses unt Effraim
sîn sune min.
dîe du noh gewinnest,
5315 dere du dich unterwintist.“
Dû er dei chint gesach,
zû Ioseph er sprach
„wer sint dise?“
Ioseph sprach waren sine sûne.
5320 Er sprach „nu leite mir here si,
daz ich si giwîhe.“
Daz gesûne ime tunchelôt,
daz tet iz durch nôt,
er was ein alt man,
5325 er nimahte nieht heitere chiesen.
Ioseph leit ime si dare,
er be greif si uile giware.
Er halst unte chuste

5297 imes] ime des V.   *nach* suerigen *raum für ein*
bild.   5301 sine zuene V.   5303 er] er in KV.   5305 Iacob
fehlt V.   er sprach V.   5314 *die*] ie.   *es ist hier kein raum*
für eine initiale ausgespart.   5319 I. chot iz waren V.   5320 Er
sprach *fehlt* V.   5325 chiesen] gesehen V.   5327 giware]
gar K, gare V.   5328 er halste si iovh chuste V.

dei chint also luste,
5330 er hantilote si zarte,
er frôte sich ire harte.
[115ᵃ]Ioseph dei chint stalte
zů sineme uater beident halbe,
Manassen ze der zesewen,
5335 Effraim zi der winsteren.
Iacob die hente
uber ein andere scranchte,
die zesewen uber Effraim,
dîe winsteren uber Manassen.
5340 Dů Ioseph daz gesach,
dů was iz ime ungimach.
er wolte ime die zesewen
zîehen uber Manassen,
sprah iz so nieht reht ware,
5345 Manasses ware der altêre.
Iacob sprach wole wesse
waz er tůn scolte,
sprach der altêre wurte
uile mahtich siner giburte,
5350 daz aue der iungere
wurte der hêrere;
er nimahte des gotis willen
nieht ferwantelin.
Die hente er ime lîe ligen.
5355 Iacob bigunde ze gote digen
daz er durch willen [115ᵇ]siner forderen
in girůht irhôren,
der ime uone chintheite
hulf ûz aller arbeite,
5360 daz der engil chome

5331 *nach* harte *raum für ein bild. auf folgender seite*
(115ᵃ) *die ersten zwei zeilen leer.*   5343 zîehen] haben V.
5344 sprah] er chot V.   iz so] deiz V.   reht] pillich V.
5346/7 sprach *bis* scolte *fehlt* V.   5348 sprach] chot V.
5354 lie er im KV.   5355 Iacob] er V.   5359 uz aller]
uzer V.

        der in ofte uz angiste name
        unt dei chint gisegenôte
        obe den er sîni hente hete:
        „Durch dinen heiligen namen
5365   den ane rûfte min âno Abraham
        iŏch min uater Ysaac
        so er an sineme gebête lach,
     a *daz si muszen wahsen*
     b *mit saliger slahte,*
        daz si mûzzen rehte getûn,
        dir, trehtin, dienen;
5370   du girûch in ouch gêben
        daz solich werd ire leben:
        suer deme anderen gûtes pitti,
        daz er ire gihucke,
        daz enes dinch sam irgê
5375   sam Effraim unte Manasse."
        Dû stalt er Effraim
        fure den brûder sîn.
        Dû sprach er ze Ioseph sineme sune,
        da er stûnt ob ime
5380   „Ich nimach nieht langere leben,
        got girûche mit îu wesen
        unt girû[116ª]che îuch hinnen
        zîureme erbi pringin.
        *V*irnim mir, Ioseph,
5385   mit dinen brûderen teile nieht
        daz ich deme chunige Amorréo ginam
        mit pogen unt mit waffen."
        Danach pat er alle sini sune
        daz si chomen zime,
5390   daz si firnamen

    5361 uz] uzer V.   5367 *nach* lach *oben im text zwei*
verse aus V, *sie fehlen* WK.   5368 muzen *nach* rehte V.
5369 gedinon (K)V.   5372 pitti] bete V.   5374 enes (V)] eînes.
sam] so wole (K)V.   5379 da] daz V.   stunte V.   5383 widere
ze ewerme V.   *nach* pringin *absatz.*   5384 *V*irnim] *initiale*
fehlt.   5387 unt] ioh V.   *nach* waffen *raum für ein bild.*

wíe ir lezzistin dinch irgiengen.
Dů si wur[116ᵇ]tin innen
daz sîn ente nahen pigundi,
daz petti si umbestûnten
5395 mit amarigin mûten.
Si sprachen da waren,
gerne sini segene firnamin,
waz in got irteilit hate,
zů wíu er ire rûhte.
5400 Dů lach Iacob,
dahte uerre ane got,
pât in uile gnôte
daz er ime zeigte
welich rât wurte
5405 siner giburte,
ub ieht unter in ware
des ime gizame,
an deme irgienge,
des er gihiezze Abrahame,
a *daz uon sineme samen*
b *noch der chome*
5410 der die werlt alle
irloste fon helle.
Dů er daz gibet
uile innerchlichen getêt,
dů hiez er sini sune,
5415 daz si firnamin ime.
Fili stille si gisuigtin,
zů siner rede dahtin.
Er sprach „min sun Ruben,
firnim wîez dir mûz irgen.

5394/5 si umbest. *bis* mûten *fehlt* V.   5396 da] daz si
gerne da V.   5397 gerne *fehlt* V.   sini] sinen KV.   5402 unde
pat V.   5403 erzeigote KV.   5409 *nach* Abrahame *oben im*
text zwei verse aus V, *die schon der vorlage* WK *fehlten*
(*s. D¹ gen. 2, 56*).   5411 fon] uon der V.   5416 svicten V.
5417 *nach* dahtin *absatz.*   5418 sprach] chot V.   5419 mûz]
sol V.

5420 Du pist sterche
     miner werche,
     du pist sun min der erist,
     du scoltest sin der [117ª]heriste.
     du ware daz eriste sêr
5425 min unte diner mûter.
     warest du biderbi,
     so scoltest du haben uon erbi
     so wir iz tîuristiz hîeten,
     du scoltest dinen brûderen gibîeten.
5430 Daz allez du firworhtest,
     dû du got niforhtest
     unte mîne chebis uber lage
     an mineme bette gisuâse.
     Dû tate deme wazzer gilich
5435 daz in deme uazze nieht inthabit sich,
     daz uzrinnit,
     suâz loch findet:
     alse iltest du uz fliezzen,
     dinen glust gebuzzen.
5440 Got daz newelle
     daz in solichim ualle
     îuweht diner giburte
     sculdich werde."
     Symeon unte Leuî
5445 segenôt er da bi,
     sprach si waren wich faz,
     in in ware nît unte haz,
     bat daz sin sêle
     nie mir in ir rât chome,
5450 noh erne wolte nehainer
     ir erêne haben teil,
     want [117ᵇ]si in ire heiz mûte
     irslûgen lîute gûte

5422 sun *nach* min V.   5432 minen chebesen V.   5438 uz
fehlt V.   5439 dine V.   5442 îuweht] niht V.   5443 scul-
dich] mere sulch V.   *nach* werde *absatz.*   5446 sprach] er
chot V.   ein wichuaz KV.   5450 nehainer] sich hail V.

        unte in ubileme willen
5455 taten eine burchmûre uallen,
        sprach ire strît mût
        scolte sîn firflûchêt;
        sine gilŏpten sich ir zorne,
        si waren die flornen.
5460 „Die unter îu werden gût
        die sîn sune min Iacob.
        die ubilin ich zisprenge,
        ellîu gnade si in ênge.“
        Erne segenote si mere,
5465 wante erne mahte fore sêre,
        daz si mit untriuwen
        rachin ire riuwen,
        daz Dîna ire suester
        selb ire hete biworuen laster
5470 unte si daz pûzten
        anders denne si scolten.
        „Ivda min chint,
        wol irgent dinîu dinch.
        du wirdest diner chrêfte
5475 trost aller diner chunniskefte.
        dini brûder dich lobent,
        so si din reht intstênt.
        du giwinnist manigen uiant,
        dîe ginikchit din mahtich hant.
5480 [118ª]Du bewiruist so michil êre,
        daz dich al din chunne heizit herre.
        Vili mârîu lant
        choment in dîne hant.
        so du dei gewinnist,
5485 deme leun gilich du gebarist,
        der unter tieren nîmit

─────────────────────────────

    5455 uallen] ualzen V.   5456 sprach] er chot V.   5464 si
niht mere KV.   5465 wante *fehlt* KV.   fore] uon V.   5468 ire]
din V.   5469 ire hete biw.] hete irworfen V.   5471 *nach*
scolten *absatz.*   5473 dir diniv KV.   5477 intstênt] uirstent V.
5478 manigen *fehlt* V.   uiande V.   5480 erwirbest K, ir-
wirfest V.   michil] groz V.   5485·gelich *nach* du V.

al des in gizîmit,
den ellîu tîer furhtent,
so er dâr unter chumit.
5490 du slehist unte rŏbest,
unze du alle dine uiante getŏbest.
Alse den leun oder die lêuinnen
iemen getar wekchen,
sos er ligit rûwen
5495 mit offenen ŏgen,
same giturrin uiante din
îuweht dich girûzen.
So du bist fridelichin
in dinen richin,
5500 so du lîst, slaffest,
din ŏgen newachent:
si firbernt dich gare,
du bist ir aller âre.
Vone Iuda newirt niemer ginomin
5505 daz chunichliche sceptrum
noh uon sinen huffen
gibristet chûnere herzogin,
unze [118ᵇ]der wirt giborn
der al die werlte scol nêrin,
5510 des chunft alle die beitent
di der uber dîe werlt sint gibreitet.
Der bintet der esilinnen sûn
an sines wingartan zûn,
die mûter an dîe win rêbe,
5515 daz sint siner minnone gêbe,
daz er Iuden noch heiden
ime nilât inphreiden.

5489 dâr unter] under siv V.   5492 oder] iŏh V.
5493 iemen] niman V.   gewechen KV.   5494 sos] so KV.
ligit] sich geleget V.   5496 ne geturren V.   5497 îuweht]
niht V.   gegrûzen V.   5500 slaffest] *H und D² ändern*
(*unnötig*) slafent.   5501 ne *fehlt* V.   5507 ne gebristet V.
5508 wirt *nach* geborn V.   5509 scol nêrin] genert V.
5511 der *fehlt* KV.   ubir alle die werlt KV.   5515 sint]
sin V.   5517 ni *fehlt* V.

Er wil daz ieweder lîut
werde sin trût.
5520 niemer er irwintit,
ê er si mit minnen zesamene gibintet.
In deme wîn er waskit,
da er mite ist girustet,
die sconen stole,
5525 daz ist ein giwate frône,
Iouch in des winperes plût
sin lachin er dunchôt.
Sconer den der wîn
sint dei ougin sîn.
5530 Siner zande glîz
ist wizer den diu milich wîz."
Diz ist ein tîefiu rede,
ich wan es îemen irre[119ª]chin mege.
chundich daz firnemen
5535 daz ich dar ubere han gilêsin,
gerne ich denne sagiti
welihi pizeichinheit si habiti.
Iudas chût pîhtare
unte pizeichinit dich, Christ unser herre:
5540 du dines uater iâhe,
unze du hîe in werlte ware;
du sprache daz du in woltest loben,
daz er chindin daz hete gigeben
daz er wîsin unte chargen
5545 fore hete firborgen:
want der dich ein ualtechlichen meinit
unte sich der sunte ne gireinit
der bezeichinet daz chint

5519 sin] sint.   5520 nirwindit V.   5521 si] sich V.
5527 lachin] lanchen V.   5531 *nach* wîz *absatz.*   5532 *D*iz]
initiale fehlt.   5533 es] si KV.   irrechin] irchennen V.
5537 pizeichnunge KV.   si] ez KV.   5539 Christ unser *fehlt* V.
5542 daz du in] in des V.   5543 chinden *nach* daz V.
5545 uor *nach* hete V.   geborgen V.   5547 *fehlt* V.

     deme die gotes gnade goffenet sint.
5550 Suer aue sinen wîstûm
    a cheret an werltlichen rûm
    b unde allen sînen sin
     cheret an werltlichen guîn
     noch dich nifurhtet,
     so er ubil wurchit,
     der mûz der êwigin wunnin
5555 in êner werlte mangilen.
     Got niwil nieht haben florn
     daz er durch uns wart giborn.
     wir [119ᵇ]sculn in loben,
     daz er uns zi brûder wil haben.
5560 Er hat uber wunten
     al unser uiante,
     er hat si gidŏbit,
     die helle hat er birŏbet.
     Dû diu gotheit
5565 an sih nam die menniskheit,
     dû was der lichname
     sin wat scône;
     unter daz lachan
     girûhte er sine gotheit dekchen.
5570 Do er die alten ê
     uili follichlichen bigîe,
     daz er daz newolte firmîden
     er niliezze sich bisnîden,
     unt sich mit opphere wolte reinen,
5575 suî er nihete niheine mêile,
     unt al daz têt
     daz unter Iuden was sîte,
     dû het er in deme wîne

---

giwaskin wât sîne.
5580 Dû er dîe touffe an sich nam
unte bigunde manige nôt lîden
unt lîe sinen lichnamen
an deme crûce martiren,
dû hêt er gedunchet
5585 sîn lachin in daz plût.
Do er [120ᵃ]zuêne tage
girûwot in deme grabe,
an deme drittin morgin
maht der tîefel sorgen,
5590 er irstunt uon deme tôde
mit libe iŏch mit sele,
er fûr mit leuchrefte
dîe helle brechen.
den tîefel er gibant,
5595 warf im einen bŏch in den munt,
daz deme selben gûle
alzane stê offen daz mûle,
so wir uone sunten
chomen in sîne slunten,
5600 daz er ubil hunt
nimege zû luchin den munt,
daz er durch piht unte pûzze
sines undanches unsich uz lazze.
Christes ougin
5605 sint siner lere gitŏgin,
die den gnade giheizzint
die ire missetat pûzzint.
dei selben ougin
sint sconer den der wîn,
5610 der bizeichinit die alten ê
diu deme sculdigen têt uile wê,

5580 er] er do (K)V.   5581 begunde *nach* not V.   5582 lîe]
si V.   5586 er] er do KV.   5590 irstunt] stunt V.   5595 er
warf V.   im (VK)] in.   bŏch] pogen V.   5597 ste offen] offen
stunde V.   5599 sîne] den V.   5600 er] der V.   5602 unde
durch KV.   5603 uz *fehlt* V.   5605 tŏgen KV.   5610 der]
der dir V.

want si mit kelicheme rach
suer ire têt dehein ungemach.
Die zêni chlîubint
5615 [120ᵇ]daz man in den munt scîubit,
si sculn bisûchen
wes der lîb rûche.
der lib sin nieni rûrit,
ê siz biwarint.
5620 so siz uberwintint,
dîu chela iz slintit.
Same tûnt die bridigari
an ire lere:
si geheizzent deme lîute
5625 daz si werden gotes trûte,
tûn si daz gote girîsi,
daz si chomen zi paradisi,
daz si ouh so megin intrinnin,
daz si ze helle niprinnin.
5630 daz scol man garnen
mit gûtin werchen.
Suenne si so gilêrint,
daz si in ze gote bicherint,
daz er wirt rein,
5635 âne sunten meile,
so sint si wîzzere denne dîu milich
da man mite mûsit dei chint
dei dannoch nimagan nîezzen
daz fest ezzen.
5640 Disîu rede get elliu an Iudam,
an Iacobis sun den gote werden.
„Zabulon, firnim [121ᵃ]waz ich dir sage:
du scolt puwen an des meris stade,
da dei scêf lentin.

5618 sin nieni] es (ez) niht KV.   inrûret V.   5621 uer-
slindet KV.   5627 *fehlt* V.   5628 so *fehlt* V.   5629 ni] nine V.
5632 sven V.   5638 nîezzen] ezzen KV.   5640 get] *HP¹*
lesen git.   elliu *fehlt* (K)V.   5641 an *fehlt* V.   den *fehlt* V.
nach werden *absatz.*

5645 da zi Sidone scolt tu iruvintin,
daz da zi dir gnade findin
die uz des meris freisan intrinnin,
unt suen der tiefel iage
daz der zů dir fluht habe
5650 unt an deme ente
da zi himil er lenti.
Min sun Isachar,
ich sage dir inwâr,
du pist ein starcher esil,
5655 du wirdest uile fesil,
du flizzist dich wisheite,
fazzist dich der arbeite.
So du dich des gisatest,
an der marche du rûwest,
5660 so dunchet dîu reste
aller dinge bezziste.
so bûwest du dir werde
die parigin erde.
den ahsilun du unter setzist,
5665 so du unter burde suizzist.
du mûst dinen zins geben,
daz tu mit gnaden mûzzist liben.
[121ᵇ]Dan scol gibieten
ouch sinen luten
5670 sam ander sin chunne
mit lutzeler wunne.
want der din chârch sin
ist gilich der nateren
dîu uile stille slichit,
5675 unze si etwen gibizzit.
Du bist ein gihurnter wurm
der an dere stîge heuit sinen sturm,

5647 ureise KV.   5649 der] er V.   5651 erlenti] irlenten V,
zů lente K.   *nach* erlenti *absatz*.   5653 in alwar V.
5660 dîu] dich div (K)V.   5664 den] din V.   5665 undir der KV.
5667 *nach* liben *absatz*.   5668 *D*an] Man.   5670 sin] din KV.
5671 wunne] minne V.   5673 der ist V.   5677 an deme
stige V.   sturm] zorn V.

der daz rôs an den hûf hecchet,
der denne darûffe sitzit
5680 daz der ualle,
nider chome an deme nelle
noch ûf nemegi chomen,
er ime beneme daz leben;
sone mag er sich girecchen,
5685 so mûz er sprechen
herre got, nu pêit ich,
unze du nerist mich."
Daz buoch uns saget
wêlich bizeichinunge ditze habet.
5690 Diu natere bizeichinit hônchust,
der hurnt wûrm den Antichrist,
der wech disin lîb,
dîe werltlichin nôt der engi stîch,
daz rôs ubermût,
5695 herscaft der dar ûf[122ª]fe sitzet,
der gihacte hûf
des entis wûf.
Suer des biginnit
daz er ditze leben minnit,
5700 deme slichit der tîefel zû,
daz er im einen piz tû.
hart er in hekchit,
suenne er in firleitit.
Suenner nach êrin strêbit
5705 unt sine diemût bigibit
unt die herscaft giwinnit
da er nach ringit,
so er denne minnist wanit,

5678 hecchet] stichet V. 5682 ne mac V. 5683 er] ê
er V. benimet V. 5684 girecchen] gerechen V, er mage
sich niht errechen K. 5686 pêit] pitte V. 5687 unze] daz V.
irnerest V. 5689 bizeichinuge. bezeinunge V. 5690 di
honchûst V. 5691 der gehurnte w. (K)V. 5693 werltlichin]
werclichen V. 5701 getû KV. 5704 Suenne] so V. nach
erin] naher V. 5707 ringit] prinnet V. 5708 er] ers V.

der tôt ime nahit,
5710 sin ubermût fellit,
der tôt im bichrellit.
so nist siner rede mere
niware „nere mich, trehtin herre!“
Der gihurnter wurm
5715 daz ist des Antichristes zorn,
der giborn wirt uone Dân,
so sich gilesin han,
der zi iungist chumit,
so diu werlt ente nimit.
5720 des giwalt wirt so grôz
daz erni wil haben niheinin gnoz.
Michil wirt sin ubermût.
[122ᵇ]er wil wesin gôt,
die christenliche glôbe
5725 hât er zi hûhe.
er heizzit firbieten,
sumeliche heizzit er mieten,
daz niemen gilôbe
uber lût noch gitôgine
5730 an der magide sun,
miner frôwen sante Marien.
So beginnit er zeichenun:
er chût er sî gotes sun,
diu menige ime giloubet,
5735 mit geduange er sî doubet.
Die ime denne genolgent,
got si erbelgent;
die aue an dem geloube gestênt,
uile wole der ding ergêt:
5740 die lident hie michile chole,

5709 nahit] habet V.   5711 im] in KV.   5712 niht
mere KV.   5713 trehtin] trût V.   5714 gehurnt(e) KV.
5717 gilesin] gesehen V.   5718 der] der dir V.   5723 gôt]
gût V.   5729 tôgeṅ KV.   5731 miner frôwen *fehlt* V.
5735 geduange] gewalte V.   5738 an dem] an der V.
5739 irgent V.

in genisit aue diu sele.
Daz welle Christ, gotes sun,
daz wir alle mûzzen tûn
daz wir chomen ze gnaden,
5745 des chodet alle amen.
Dannen ist mêre gescriben,
da wil ich uber heuen.
der iz paz fûget
der mag dannen lesen genuge.
5750 „Nv mîn sun [123ᵃ]Gâd,
uile wole dir daz suert stât.
gegurter du fihtest,
din lîut scirmist,
forne du dich werist,
5755 hinter dich slehist,
wole du behaltest
al des du waltest."
Du bezeichenest ŏch Christ
der unser fure fehtare ist,
5760 der den tîufel uberwant
unt în in der helle gebant.
Noch scol er ouch chomen,
unsich ime alzoges benemen,
want an deme iungesten tage,
5765 so er sin dinch habet,
so nimit er uns scone
zů dem paradise frone,
diu helle sich intluchet,
den tîufel uersuilehet.
5770 so werden *wir* bescerit

5743 wir] wirz (K)V.   5746 Dannen] *initiale fehlt.* 5747 da]
daz KV.   5748 uůge V.   5749 lesen] sagen V.   *nach* genuge
absatz.   5750 Nv] Du V.   5753 din lîut] daz livt V.   du
beschirmist KV.   5754 du *fehlt* V.   5759 uurvehte V.   5760 hat
uberwunden V.   5761 în *fehlt* V.   gebant] gebunden V.
5762 ouch *fehlt* KV.   5764 iungesten] lezzesten V.   5765 so]
wane V.   habet] wil haben V.   5767 zů dem] ze V.   5768 int-
luchet] induchet V.   5769 uersuilehet] si uirluchet V.
5770 *wir* (KV)] wirt.   gesherit V.

da iz uile wole fert.

„*Mîn* chint Aser,

dich nerbirt allez ser.

feizt ist dîn brôt,

5775 dich ne duinget nehein nôt."

Do er ime gab brôtes gnuht,

dô hêt er alles dinges uberfluz

daz nah deme [123ᵇ]brote scol gen.

daz mage wir dabî uersten,

5780 daz er chod den chunigen

ze flize scolte dienen.

Der bezeichenot ŏch Christ,

der himiliskez brôt ist,

ane daz nieman mag genesen

5785 der sîn scol wesen,

des heiligez wort

uns gît den ewigen trost.

Die mit in selben fehtent,

daz si sich unrehtes geloubent,

5790 daz sint chunige

an der sêle edele,

den dienet got ze flizze

mit gaistlichem imbîzze.

Er gesizzet ime werde

5795 mit in ze merde,

mit michilere gŭtlîche

in deme himilriche,

dar dîe niene chômen

dîe ze were worte nâmen:

5800 der eine chot hâti gechouffet

ein dorf uile gŭt,

er mŭse daz bescŏwen,

5771 da iz] dez V.   *nach* fert *absatz.*   5772 *Mî*n]
Ein.   5776 genŭch V.   5782 Der] er V.   ovh unseren
herren Crist V.   5785 sîn (*auch* K)] sin schalch V.   scol]
wil V.   5787 den *fehlt* V.   5792 got] er V.   5793 gast-
licheme V.   5796 mit] in V.   5798 dîe *fehlt* V.   niene]
næ V.

pat sich firsprechen.
Der ander chod nîuwens ware gihît,
5805 hat ime ein liebez wîb,
pat sich mit huldin
aue der insculdin.
Dŭ was des trîttin weri[124ᵃ]wort,
er hate dŭ gichŏffet
5810 fînf guet ohsin,
er mŭse die bisŭchen.
der selbe firwâzin
pat sich aue so des merdis irlazzen.
Dŭ die boten gisageten
5815 welich antsegi si habiten,
er hiez si nieht erwinten,
ê si brahten alle die si funten.
Si giengen an die strazze,
da die armen sazzen,
5820 daz hus si ire erfulten
der unseren glîchin.
Da êne zŭ geladet waren,
daz gescach uns ze gnaden.
Daz was Asêres segin,
5825 des nescolten wir nieht uber heuen.
„Chint min Neptalim,
weme mag ich dich gebenmazzen?
Also der hirz ferit,
so er uzlazzen wirt
5830 der der ist uil gezal
uber perg iŏch tal,

5803 der pat V.   5804 nîuwens ware] er ware nŭlichen V.
5805 unde hete V.   5806 pat] der hat V.   5807 der] so V.
5809 dŭ *fehlt* KV.   5810 guet = gewet K, gewetene V.
5813 aue so] auer V.   5815 antsegede V.   5816 er ne hiz V.
5820 ire *fehlt* KV.   5825 *nach* uberheuen *absatz.*   5827 weme]
Sweme (*irrtum des miniators, der statt einer zwei zeilen hohen
initiale U* (*zu* 5826 Chint), *diese nur eine zeile hoch malte und
den vor* weme *ausgesparten platz mit S füllte.* wem V, ze
wem mage ich dich gelichen K.   ebenmazzen V.

tût hinnen unt enne
manige sprunge,
same snelle du urentist
5835 al daz tu ane ergêst.
nieht [124ᵇ]dir intuisket
des dich gelustet.
Durch dine rede spahe
die du tûst uile wahe,
5840 so minnet dich daz lîut.
du wirdest in uil liup,
du redest sûzze unde scône,
so iz ze houe zâme.
Mîn trût sun Ioseph,
5845 gote mûzzest du sin lieb.
du bist daz wahsente chint
des chint suînent.
suer dich ane sihet
mit rehte er gihit
5850 daz in allere geburte
nie sconere man newurte,
daz dei wîb wol besceinten,
do si sich uber die burgmure leinten
unde si michel firwiz was
5855 daz so scône was din fahs
unde du ware aller
alzoges ane laster.
dô man dich fûrte ueile,
an dir newas nehein meile.
5860 Die hêren iuncfrôwen
ilten dich scôwen.
ir nehein was so wolgetan,

5832 der tut V.   5835 ane ergêst] angest V.   5843 *nach*
zâme *absatz.*   5844 *M*în] Eîn.   sun *fehlt* V.   5847 des
chint *fehlt* V.   suînent] *fehlt hier negation?* K *ersetzt den
vers durch einen neuen*: erwæt hat dich der gotes wint. nine
svineot V.   5849 gihit] gehit V.   5850 allere] aser V.
5851 nine shoner man wurte V.   5852 wol *fehlt* V.   5856 unde]
wande V.   5861 beschowen V.

des mahte si wun[125ᵃ]ter haben.
Vzzen unt innen
5865 ware du fol gotes minnen.
des ingulte du heime,
du dich hazzoten die dîne eigine.
Dîn eigine mage
hûben dich ane ir gebage.
5870 der nît was ûf dich grôz,
dich gie ane manig gescoz.
dô gestûnt din boge
an dem starchen gote,
der zebrach daz gebente
5875 diner arme iöch diner hente.
Uon deme wirt geborn
der ze hirte ist irchorn
uber al den lîut,
der gote scolte wesen liup.
5880 Der ist ein sehenter stein,
der bringet ze abunde sin uihe heim.
Got gnade dir, Ioseph,
noch ne uerzihe dir nieht,
sin heiliger segen
5885 ne sî uber al des du sculest phlegen.
Al des an der erde
wahsentes und lebentes werde,
dem newerre hitze noch frost,
scûr noch suht.
5890 Liute iouch uihe
peren dir wûchere uile.
Nach dines ua[125ᵇ]ter seginen
mûzzest du gemeginen
unt aller diner uorderone segen

5863 si] si wol KV.   5865 minne V.   5866 ingulte
(KV)] ingulten.   5867 die *fehlt* KV.   5871 scoz V.
5873 starchen] alwaltigen V, almæhtigen K.   5874 daz *fehlt* V.
5877 *fehlt* V.   5878 uber *fehlt* V.   5879 scolte] sol V.   5883 ne]
über uerzihe *übergeschrieben.*   dir] mir V.   5885 ne sî] si KV.
des] di V.   5891 dir *fehlt* V.   ẇchirs KV.

5895 mûzze uber dich chomen,
　　　 noch ir niemmer zerinne
　　　 unter dineme chunne,
　　　 unze chome der wille
　　　 der ewigen puhile.
5900 daz sint die fursten
　　　 die sît Adâmes ziten wurten,
　　　 patriarche unte wîssagen,
　　　 die wir ze den heristen sculn haben,
　　　 wante si in ire gûte
5905 giengen ob andereme lîute,
　　　 die gote werden,
　　　 sam die puhile obe der erde,
　　　 dîe des îe gerten
　　　 daz si got gewerte
5910 daz unser herre Christ chome
　　　 unt si deme tîufale pinâme.
　　　 Der houbet sis du, Ioseph,
　　　 in gûte unt in grehtikheit
　　　 unt alle die got meînen
5915 uon nu unt in êwen
　　　 unze an den gotes sun,
　　　 der scol dich statîgen,
　　　 an deme wirt ouch scîn
　　　 we[126ᵃ]lih ist der segin din.
5920 Svn min der lezziste,
　　　 du nebist der wirsiste
　　　 noch der bezziste,
　　　 ich meine dich, Beniamin,
　　　 du noch hâst wolfes sin.

5896 niemmer *fehlt* V.　　　5901 ziten *fehlt* V.　　　5905 ob
a.] uur ander V.　　　5907 obe] ab V.　　　5909 daz] des V.
5910 herre *fehlt* V.　　　5913 unt] ioh V.　　　5915 unt] unze V.
5918 scîn] gesehen V.　　　5919 ist der s. din] din segen si V.
nach din *absatz.*　　　5920/2 *nach der versteilung der hs. als*
dreireim beibehalten, so auch bei H und P¹; D² Jos. 1254
nimmt (vielleicht mit recht) 5921/2 *als éinen vers.*　　　5920 Svn]
initiale fehlt.

5925 Den roub izzist du frů,
den roub teilest du ouoh spâte.
zerist du dere ahtest
die du after male trostest.
Die du nu gerne flurist,
5930 aftermale du si gerne nerist.“
Do der uile gůte Iacob
sine sune uol geseginote,
do begreif in der tôt.
er hiez sich peuelhin
5935 zů sinen uorderen,
da Abraham unt Ysaac,
da Sara unt Rebecca iouch Lia lag.
Der heiligi man
da nach enti nam.
5940 diu sele fůr zi gnaden
zů sinem ânon Abrahame.
da wart er sâre
sines uater eben hêre,
des gůten Y[126ᵇ]saac
5945 ward eben sazze Iacob.
Da sitzint si alle drî
in deme himilriche.

5926 ouch *fehlt* KV.   5927 dere] dir V.   5928 male]
malo.   trostest] trosten.   5929 Die] *initiale fehlt.*   nu
gerne] ungerne V.   5930 aftermale] so V.   *nach* nerist
absatz.   5931/3 *dreireim, den* K *durch zusatzvers nach* tôt
(wan ez got also gebot) *zu zwei reimpaaren macht,* V *dagegen
durch zusammenziehung von* 5931/2 *in einen vers auf ein
reimpaar reduziert.*   5931 Do (KV)] So.   der uile gůte
fehlt V.   5932 segenote V.   5936/7 *von* D² *Jos.* 1261/2
mit umstellung von lag *zu* Abraham *in vier verse geteilt:*
lach / Ysaac; Rebecca / Lia. W *hat zwar punkt nach* Abraham,
aber nicht nach Rebecca; *ein reimpaar wie oben im text mit
dem reim* Ysaac / lag *in* K *und bei* HP¹.   5936 ioh sin
uater Ysaac V.   5937 ioh sin wip Lia V.   5939 den ente V.
genam V.   5944 Ysaaches V.   5947 *nach* himilriche *raum
für ein bild.*

Alle die dare chôment,
in ire scozze sî si nement,
da ergezzent si sciere
5950 uile manigere sere
die si manige stunte
litin in disime ellente.
Daz ne sculn wir so nieht uernemen,
5955 daz si alle in ire scozze megin chomen.
Abraham chuit rawa,
Ysaac froude,
Iacob heizzit ouch [127ᵃ]Israhel,
daz sint zuene namen uile. hêr.
5960 Iacob chût unterslîufare,
Israhel gotes pescŏwâre.
Suer den tiufal unterslîufet,
so er in besuichet,
daz er mit pih̄te iouch mit riuwe
5965 sûchet gotes triuwe,
unt er ime sentit in mût
daz er after diu wole tût,
unte des nieht erwintet,
unz er iz frentit:
5970 der hat mit Abrahame
die êwigen rawe,
mit Ysaac froude,
mit Israhel gotes pescŏwide.
der mag wole iehan
5975 daz ime wole sî gescehn.
[127ᵇ]Do Ioseph gesach
daz sin uater firentet was,
er uiel uber in
mit riuweklichen gebaren,

5949 uirgezzent V.   5955 in *fehlt* V.   chomen (*auch*
K)] nemen V.   5958 ouch *fehlt* KV.   5961 gotbeshoware V.
5964 pih̄te] phite.   5965 di gotes tr. V.   5966 sende V.   in
den mût KV.   5967 after diu] danach KV.´   5968 nieht]
nimer V.   5969 unz er iz frentit] ê er uirentet V.   5971 rawe]
genade V.   5974 wole *fehlt* V.   5975 *nach* gescehn *raum
für ein bild.*

5980 er weinote unte wfte,
     chuste inen sûzze,
     heizz in mit sabanen bewinten,
     belegen mit pîmenten.
     In deme flizze waren si alle
5985 uierzig tage uolle.
     die lantlîute
     hêten durch Iosebes liebe
     Iacobes michile chlage
     folle sibenzig tage.
5990 So der chlage zît irge,
     do bat die herren Ioseph
     daz si deme chunige sagaten,
     wie in sin uater besuorn habite,
     daz er ime daz tâte ze liebe
5995 daz er in dâ ze lante begrûbe;
     Suenne er in dâ betrôrte,
     daz er wider zime cherti.
     Der chunig in gewerte
     als er [128ᵃ]gerte.
6000 alle die herren
     iôch dîed altisten waren
     fûren mit Iosebe
     durch sini lîebe,
     Sine brûdere mit in,
6005 ire uater biuelhen.
     Diu menige was grozlich,
     diu piuildi wart erlich.
     si waren in michelere chlage
     ê der piuildi sibin tage.
6010 Do sin bigrûben,
     wider in Egiptum si fûren.

5981 unde chustin uile sûze V.   5982 heizz] er hiz V.
saben(e) KV.   5987 heten *nach* libe, *also* 5988 *beginnend* V.
5988 michile *fehlt* V.   5990 So] Do KV.   irge] irginc V.
5996 dâ *fehlt* KV.   5997 *nach* cherti *absatz.*   5999 gegerte V.
6004 Sine] Mine.   6006 uile grozlich V.   6008 *nach* 6009 V.
si waren] waren si.   6009 *nach* tage *raum für ein bild.*

*S*ine brûder forhten in,
daz si inculten wider in
der alten sculdi,
6015 [128ᵇ]baten siner huldi,
daz er durch sines uater willen
sinen zorn liezze stillen
unt in firgabi
die grozzin missitâte
6020 der si an ime haten gitan,
dû si in firchôftin.
Ioseph weinôte,
hiez si sîn mit gûtem mûte,
sine dorften in furhtin,
6025 erne wolte nieht ubilis an in wurchin,
chod daz si durch ubil taten
daz got daz ze gûte braht hete,
chod in wolte helfin
unt ire wibin iôch ire chindin.
6030 Al daz er in gihiez
uile war er iz liez.
[129ᵃ]Dû Ioseph dû alt wart ziware
zehen unt zehenzig iâr
unt er firstûnt
6035 daz ime nahot der tôt,
dû hiez er ime giwinnin
sini chunelingi.
Dû si ime chomen,
er bat daz si ime firnamin.
6040 Er chod „after mineme ente

---

        bidenchit got fuwer ellente,
        er nimit fuh hfe
        mit siner chrefte,
        des nist zufuil nihein,
6045 er pringit fuh wider heim
        zů deme gůtin lante
        daz milichi iŏch honiges ist flfezzente.
        des swôr er gůte
        Abrahame unt Ysaac unt Iacobe.
6050 Done scult ir min gibeine
        hfe nieht lazzen eine.
        ir scult iz mit fu fůren,
        heime mit erde bitrorin."
        Dů er iz fole redite,
6055 nieht langer er lebite.
        man chlagit în sêre,
        peualch in zfere.
        Des nist zufuil nieht,
        sîn sele ist gote li[129ᵇ]eb.
6060 daz mûzze si sîn
        nu unt in ewin.
        AMEN. deo gracias.

   6041 bedenke V.   6047 honigest ist.   6048 er] got
der V.   6050 Do] So V*H*.   6051 ir scult ir scult (*sic!*).
6053 mit der erde KV.   6055 er] er ne V.   6057 unde
beualch KV.   6058 nieht] nechein V.   6059 ist] si hevte V.
deo gracias *fehlt* KV.

www.ingramcontent.com/pod-product-compliance
Lightning Source LLC
Chambersburg PA
CBHW031104020726
47495CB00007B/2036